W0323362

Títulos relacionados

APLICACIÓN DE NORMAS Y CONDICIONES HIGIÉNICO-SANITARIAS EN RESTAURACIÓN
UF0053

JESÚS FELIPE GALLEGO

ISBN: 978-84-283-3289-7

Solicítalos en

- Librería
- www.paraninfo.es
- Solicitudes nacionales 902 995 240
- Solicitudes fuera de España +34 913 308 907
  +34 913 308 919

Marketing y promoción en el punto de venta UF2394

Mª Cruz García Amarilla

© 2016 Ediciones Paraninfo, S. A.
© 2016 Mª Cruz García Amarilla

Edición y maquetación: Ediciones Nobel, S. A.

Impresión: Cimapress (Arganda del Rey, Madrid)

ISBN: 978-84-283-3443-3
Depósito legal: M-37334-2016

Impreso en España

Cualquier forma de reproducción, distribución, comunicación pública o transformación de esta obra sólo puede ser realizada con la autorización de sus titulares, salvo excepción prevista por la ley. Diríjase a CEDRO (Centro Español de Derechos Reprográficos, www.cedro.org <http://www.cedro.org>) si necesita fotocopiar o escanear algún fragmento de esta obra.

Mª Cruz García Amarilla es diplomada en Ciencias Empresariales, licenciada en Investigación y Técnicas de Mercado y máster en Formación del Profesorado en la especialidad de Economía y Empresa. En el terreno profesional ha trabajado en el sector público en proyectos relacionados con el empleo y la vivienda, mientras que en el ámbito privado ha desarrollado su labor de consultoría en marketing e innovación para la pequeña y mediana empresa.

Índice

Introducción normativa

La Ley Orgánica 5/2002, de 19 de junio, de las Cualificaciones y de la Formación Profesional fue el primer texto legislativo que reguló de forma exclusiva las enseñanzas profesionales en España. Una de sus novedades consistió en relacionar directamente la formación con el empleo, permitiendo las convalidaciones y equivalencias entre la Formación Profesional del sistema educativo, la Formación Profesional para el empleo, y experiencia laboral. Para poder desarrollar estas medidas se creó el Sistema Nacional de Cualificaciones Profesionales y dos instrumentos básicos: el Catálogo Nacional de Cualificaciones Profesionales y el Catálogo Modular de Formación Profesional.

Las Cualificaciones Profesionales responden a la iniciativa que impulsa el Marco Europeo de las Cualificaciones (EQF), para facilitar un espacio abierto de aprendizaje y de empleo, así como la adecuación entre oferta y demanda no solo a nivel estatal, sino entre los distintos países.

El Catálogo Nacional de Cualificaciones Profesionales ordena las cualificaciones profesionales, incluyendo el contenido de la formación profesional asociada a cada cualificación, de acuerdo con una estructura de módulos formativos articulados en un Catálogo Modular de Formación Profesional. Entre sus principales objetivos tiene el posibilitar la integración de las ofertas de formación profesional, adecuándolas a las características y demandas del sistema productivo.

Para conseguirlo, este Catálogo, además de identificar y definir las cualificaciones profesionales que requiere el sistema productivo, establece los contenidos formativos básicos que resultan necesarios para que las ofertas formativas garanticen la adquisición de las competencias profesionales apropiadas para el desempeño profesional.

Las Cualificaciones Profesionales se acreditan mediante "Títulos" de Formación Profesional del sistema educativo, y Certificados de Profesionalidad de Formación para el Empleo. Ambas acreditaciones tienen carácter oficial y son válidas en todo el Estado.

Los contenidos asociados a las cualificaciones profesionales constituyen el Catálogo Modular de Formación Profesional, que se estructura en módulos formativos.

Mediante la superación de los módulos formativos, diseñados en itinerarios específicos para cada Cualificación Profesional, se puede obtener el Certificado de Profesionalidad correspondiente. Además, se posibilita la convalidación de determinados módulos profesionales incluidos en los títulos de Formación Profesional del sistema educativo, asociados a Unidades de Competencia comunes.

El Certificado de Profesionalidad es, por tanto, el instrumento de acreditación, en el ámbito de la Administración laboral, de las cualificaciones profesionales incluidas en el Catálogo Nacional de Cualificaciones Profesionales, adquiridas a través de procesos formativos o mediante procedimientos de reconocimiento de competencias profesionales adquiridas por experiencia laboral o vías no formales de formación, regulados por el Real Decreto 1224/2009, de 17 de julio.

ESTRUCTURA DE UNA CUALIFICACIÓN

DATOS DE IDENTIFICACIÓN
Denominación
Nivel
Competencia general
Entorno profesional

UNIDADES DE COMPETENCIA		FORMACIÓN ASOCIADA
Unidad de competencia 1	⟷	Módulo formativo 1
Unidad de competencia 2	⟷	Módulo formativo 2
Unidad de competencia N	⟷	Módulo formativo N

Las cualificaciones profesionales se estructuran en unidades de competencia, que se definen como agrupaciones de tareas productivas específicas que debe realizar el profesional. Las diferentes unidades de competencia de un certificado de profesionalidad conforman la Competencia General, definiendo el conjunto de conocimientos y capacidades que permiten el ejercicio de una actividad profesional determinada.

Cada unidad de competencia lleva asociado un módulo formativo, donde se describe la formación necesaria para adquirir esa unidad de competencia, pudiendo dividirse en unidades formativas.

El módulo formativo es el bloque coherente de formación asociado a cada una de las unidades de competencia que configuran la cualificación. Cada módulo formativo tiene un formato normalizado que incluye los datos de identificación y las especificaciones de la formación que se incluyen en las ofertas formativas conducentes a la obtención de los certificados de profesionalidad.

DATOS DE IDENTIFICACIÓN:

— Denominaclón.

— Nivel de cualificación al que se vincula.

— Unidad de competencia a la que está asociado.

— Código alfanumérico y duración en horas.

ESPECIFICACIONES DE LA FORMACIÓN:

— Capacidades: expresión de los resultados esperados de las personas en situación de aprendizaje al finalizar el Módulo Formativo.

— Criterios de evaluación: conjunto de precisiones para cada capacidad que indican el grado de concreción aceptable de la misma. Delimitan el alcance y nivel de la capacidad y el contexto en el que va a ser evaluada.

— Contenidos formativos necesarios para adquirir las competencias a las que se asocia. Requisitos básicos del contexto formativo: espacios e instalaciones y perfil profesional del formador. Estos requisitos tienen carácter orientador para la normativa básica reguladora de las ofertas formativas.

El presente libro desarrolla la Unidad Formativa denominada *Marketing y promoción en el punto de venta*, UF2394.

Dicha unidad formativa está asociada a la Unidad de Competencia UC2186_3, forma parte del Módulo Formativo MF2186_3 *Lanzamiento e implantación de productos y servicios* perteneciente a la Cualificación Profesional de referencia COM 652_3, de nivel 3, incluida en el Certificado de Profesionalidad denominado *Gestión de marketing y comunicación*, dentro de la familia profesional Comercio y Marketing.

Según el Real Decreto 614/2013, de 2 de agosto, los contenidos que en esta obra se recogen se corresponden con una duración de 30 horas.

Tanto la estructura como el desarrollo del libro se ajustan al citado real decreto y más concretamente a los contenidos de la Unidad Formativa que le da título *Marketing y promoción en el punto de venta*.

Contenidos

1. **Marketing en el punto de venta.**
   - Concepto de marketing en el punto de venta:
     - Determinación de los objetivos de venta en el punto de venta.
     - Lanzamiento de los nuevos productos y otras promociones.
   - Métodos físicos y psicológicos para incentivar la venta:
     - Análisis del consumidor en el punto de venta.
   - Análisis del punto de venta:
     - Superficie de venta: espacio y lineales.
     - Ubicación del producto: optimización del lineal y superficie de venta.
   - Gestión del surtido:
     - Concepto de surtido.
     - Amplitud y profundidad del surtido.
     - Planogramas.
   - Animación del punto de venta:
     - Publicidad en el punto de venta (PLV): carteles.
     - El escaparate.

2. **Marketing promocional.**
   - Conceptos y fines de la promoción:
     - Instrumentos de la promoción.
     - Objetivos de las acciones promocionales.
     - Tipos de promociones.
   - Formas de promoción dirigidas al consumidos: 2x1, 3x2, otras.
   - Formas de promoción a distribuidores, intermediarios y establecimiento:
     - Clases de incentivos y promociones a los distribuidores y consumidores.
   - Promociones especiales.
   - Tipos de acciones de marketing directo.
   - Acciones de marketing directo:
     - Posibilidades y características.
     - Evaluación y criterios de clasificación de clientes potenciales.
     - Legislación sobre protección de datos.
   - Acciones de promoción online:
     - Internet como canal de información y comunicación de la empresa.
     - Herramientas de promoción online, sitios y estilos web para promoción de espacios virtuales.

3. **Control y evaluación de acciones promocionales.**
   - Eficacia y eficiencia de la acción promocional:
     - Concepto de eficacia y eficiencia.
     - Indicadores para la evaluación de la eficacia y eficiencia de las acciones de marketing y promociones.
   - Índices y ratios económico-financieros de evaluación de promociones:
     - Margen bruto.
     - Tasa de marca.
     - Stock medio.
     - Rotación de stock.
     - Rentabilidad bruta.
   - Aplicación para el cálculo y análisis de las desviaciones en las acciones promocionales.
   - Aplicaciones de gestión de proyectos y tareas y hojas de cálculo:
     - Cronograma de la promoción e implantación de productos.
   - Informes de seguimiento de promociones comerciales:
     - Resultados.
     - Medidas correctoras de las desviaciones.

1. Marketing en el punto de venta

Contenido

1.1. Concepto de marketing en el punto de venta.

1.2. Métodos físicos y psicológicos para incentivar la venta.

1.3. Análisis del punto de venta.

1.4. Gestión del surtido.

1.5. Animación del punto de venta.

1.1. Concepto de marketing en el punto de venta

El comercio es una práctica milenaria que existe prácticamente desde los inicios de la civilización. Imaginemos a los mercaderes en el foro romano, mercado de la antigua Roma, disponiendo sus mercancías de la forma más vistosa posible y preocupándose de tener disponibles en mayor cantidad aquellas que generan más ventas. Las técnicas de venta, más o menos conscientes o más o menos efectivas, han acompañado en el viaje hasta llegar a lo que hoy día conocemos como comercio moderno, que, dadas las características de la sociedad actual, requiere de un entramado de técnicas y estrategias que ayuden a posicionar nuestra marca o establecimiento en un lugar privilegiado dentro de la mente del consumidor. Para ello, cada punto de contacto con el cliente es crucial; el momento en el que el cliente interactúa con la empresa, las marcas y los productos de forma directa es crítico y determinará gran parte del éxito o fracaso de la estrategia de marketing de la empresa. El producto no se vende solo. A los atributos físicos le acompañan una aureola de condiciones externas que favorecen la venta del producto, y aquellas que se generan en el punto de venta son cruciales para la modificación de la intención de compra. No es de extrañar, por tanto, que la disciplina del *shopper marketing,* el marketing directo y, en concreto el *merchandising*, sean ya disciplinas con entidad propia dentro del campo del marketing.

Definiciones del *merchandising*

El *merchandising*, o técnicas de marketing en el punto de venta, es un vocablo inglés que no tiene traducción al español. Es la unión de una palabra, "merchandise" *(mercancía)* con un sufijo –ing, que denota movimiento, por lo que podemos literalmente traducirlo como *acción sobre la mercancía.*

Para la Asociación Española de Codificación Comercial el *merchandising* es "el conjunto de técnicas coordinadas entre el fabricante y distribuidor, aplicadas en el punto de venta para motivar el acto de compra, de la forma más rentable para ambos, satisfaciendo las necesidades del consumidor".

Para el Instituto Francés de *merchandising* es el "conjunto de estudios y técnicas de aplicación puestas en práctica, de forma separada o conjunta, por distribuidores y fabricantes, con miras a acrecentar la rentabilidad del punto de venta, dar mayor salida a los productos, y la introducción de productos, mediante una adaptación permanente del surtido a las necesidades del mercado y mediante la presentación apropiada de las mercaderías".

El objetivo del *merchandising* es optimizar la rentabilidad del punto de venta estimulando la compra con determinadas acciones dirigidas a captar la atención del consumidor objetivo, a impactar y a estimular la intención de compra.

El punto de venta, denominado también tienda, local o establecimiento comercial, es el lugar donde se exponen los productos y servicios para la adquisición por parte del consumidor final. Es decir, aquel lugar en el que el producto entra en contacto directo con el cliente. Este espacio puede adoptar diversas formas según el modelo de negocio (*outlets,* grandes superficies, tiendas multimarcas, puestos ambulantes, franquicias, *corners*, etc.).

Otra clasificación, quizás la que adquiere más relevancia hoy día, es la diferenciación entre el canal *offline* (punto de venta físico) y la compraventa *online* (comercio electrónico).

1.1.1. Determinación de los objetivos de venta en el punto de venta

Como ya se ha visto, el *merchandising* es una disciplina incardinada dentro del marketing y, como tal, debe coordinarse con el resto de funciones de la empresa permitiendo así la congruencia entre todas las políticas empresariales. Es por ello que los objetivos del *merchandising*, que marcan los objetivos en el punto de venta final, deben ir en consonancia con los objetivos estratégico de marketing y, en definitiva, con la estrategia corporativa, bien del distribuidor o bien del propio fabricante.

Determinación de los objetivos en el punto de venta

La fijación de objetivos de marketing y ventas que permitan definir adecuadamente las estrategias de *merchandising* debe estar fundamentada en el estudio de la situación externa e interna de la empresa. Para ello, el Sistema de Información de Marketing será la clave que proporcione toda la información necesaria para la toma acertada de decisiones. La misión de la organización, la situación del entorno, la competencia, el ciclo de vida del producto y, en términos más específicos, las ventas actuales, los recursos disponibles y las características del público objetivo y del mercado deben ser los indicadores estudiados que definan la estrategia comercial en el punto de venta para conseguir los fines marcados.

Es recomendable para la empresa fijar unos objetivos estratégicos y objetivos de *merchandising* que sean claros, medibles, que supongan un reto pero a la vez sean alcanzables, que sean relevantes y que establezcan un plazo para poder medir los resultados.

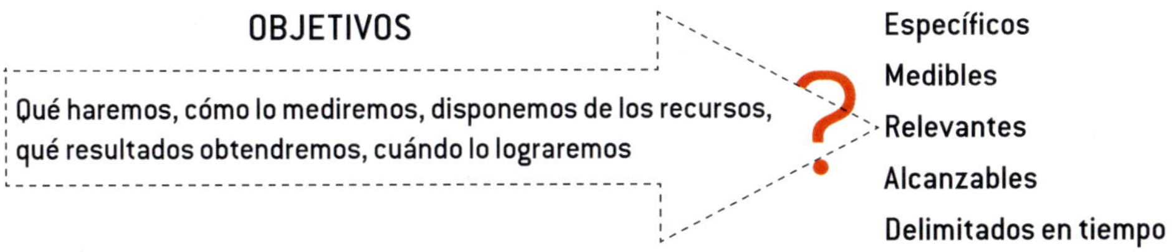

La fijación de los objetivos de venta en el establecimiento comercial debe seguir un proceso sistemático, que comience con el análisis de información relevante, la detección de necesidades o problemáticas, a través de un diagnóstico situacional y la posterior fijación de objetivos y estrategias, que se implementarán en el punto de venta aplicando los diferentes métodos a disposición de los expertos para obtener los resultados esperados.

1.1.2. Lanzamiento de nuevos productos y otras promociones

La introducción de nuevos productos ha pasado a considerarse una necesidad para aquellas empresas que quieren permanecer con éxito en un mercado, el de gran consumo, cada vez más competitivo. El lanzamiento de nuevos productos trata de adecuar la oferta a las necesidades y demandas del mercado, conformado por clientes de diferente tipología.

Para conseguir la optimización y el éxito en el lanzamiento de nuevos productos se hace imprescindible definir una estrategia conjunta entre distribuidores y fabricantes que minimizase el impacto en costes y recursos empleados.

OBJETIVOS DEL LANZAMIENTO DE NUEVOS PRODUCTOS

Para un **fabricante**, la continua búsqueda de la innovación dentro de su cartera de productos puede suponer una mejora de la competitividad o, en algunas ocasiones, una obligación para mantenerse en el mercado.

Los objetivos que puede perseguir un fabricante son:

- Mejorar o mantener la imagen de marca.
- Adaptar la oferta a nuevos perfiles de consumidores, con diferentes necesidades.
- Atender necesidades ya existentes empleando otro tipo de productos.
- Diversificar el riesgo.
- Mantener la cuota de mercado de la empresa.

Para el **distribuidor**, las razones que pueden determinar el deseo de introducir un nuevo producto en su surtido son:

- Adecuar el surtido a las estrategias de la compañía y al público objetivo.
- Entrar en categorías nuevas o dinamizar categorías ya existentes.
- Atender nuevas necesidades, de los clientes actuales o nuevos segmentos.
- Mejorar el ratio de rentabilidad del surtido y del espacio.

Según la consultora Nielsen, un 40 % de los compradores incorporaron un producto nuevo a su cesta de la compra durante el año 2015, lo que en un principio indica una buena predisposición de los consumidores hacia las innovaciones. Sin embargo, este dato confronta con la retirada del mercado del 80 % de los productos que se lanzan, sin que estos lleguen a cumplir un año de vida.

"Solo dos de cada diez novedades que se lanzan al mercado superan el año de vida en el lineal"

Segmentación de los lanzamientos basados en el grado de innovación	
Realmente innovadores	Productos no existentes en el mercado que crean una nueva categoría (cubren una nueva necesidad).
Extensiones de línea	Productos con nuevas características incorporados a una línea ya existente.
"Me too"	Productos que imitan una innovación de la competencia.
Conversiones/sustituciones	Productos existentes a los que se aplica un cambio en el formato.

Fuente: elaboración propia a partir de A.C. Nielsen y Ernst & Young.

La Asociación de Fabricantes y Distribuidores, consciente de las dificultades a las que se enfrentan los responsables de la gestión del surtido y gama de productos, ha elaborado una guía para el lanzamiento eficiente de cada nueva innovación que se compone de las siguientes fases:

Fase 1. Preparación del lanzamiento: es en esta fase cuando debe determinarse la necesidad que el producto va a satisfacer y el público objetivo al que va dirigido, delimitando sus características y comportamiento. Una vez se obtenga la información sobre el consumidor, debe definirse la situación en la categoría y las decisiones de marketing en relación a los atributos del producto, su posicionamiento y la política de precios y comunicación. Por último, se debe determinar el aporte de valor del lanzamiento.

Fase 2. Planificación del lanzamiento: es en este momento cuando debe establecerse el plan de promoción de lanzamiento del fabricante y del distribuidor. Estos planes, realizados por separado, deben ajustarse entre ellos estableciendo un cronograma conjunto en el que se definan las acciones que se van a llevar a cabo en las tiendas y se fijen unos acuerdos logísticos que permitan la adecuada provisión de los nuevos productos. Por otra parte, hay que reflejar los recursos materiales y financieros del plan de promoción establecido.

Acciones del plan de lanzamiento de un nuevo producto

Acciones en tienda	Acciones de promoción
• Referencias afectadas • Ubicación • Planograma	• Tipos de promoción • Cabeceras de góndola • Cartelería • Folletos

Fase 3. Ejecución del lanzamiento: en esta fase se aplicarán las acciones definidas en la fase anterior, ejecutando los tiempos fieles al cronograma establecido.

Fase 4. Evaluación: en esta fase debe realizarse una medición de los resultados a partir de unas métricas definidas que aporten información sobre la consecución de los objetivos marcados y, en su caso, las desviaciones producidas para valorar el éxito o fracaso del nuevo lanzamiento.

Es importante gestionar adecuadamente las acciones de promoción y las acciones de implantación en tienda, ya que estas juegan un papel crucial como canal de información de novedades en el mercado.

SISTEMA DE INFORMACIÓN ESTRATÉGICA PARA EL LANZAMIENTO DE NUEVOS PRODUCTOS EN EL MERCADO

El Sistema de Información de Marketing (SIM) es un conjunto de procedimientos, métodos y herramientas cuya misión es generar un flujo de información ordenado en la empresa que ayude a la toma de decisiones estratégicas.

La información obtenida, ordenada y analizada, se distribuye entre aquellos que deben tomar decisiones estratégicas en la organización, por lo que el diseño de un apropiado Sistema de Información de Marketing debe tener en consideración la información que realmente es necesaria, además de los recursos disponibles para su obtención.

Cada empresa puede diseñar su propio sistema de información de marketing, pero generalmente son cuatro subsistemas relacionados los que componen esta herramienta de gestión, que, en conjunto, aportarán toda la información externa e interna adecuada para la orientación de las decisiones empresariales:

– La **Inteligencia de Marketing** se encarga de investigar y recabar información, en un proceso continuo, sobre los acontecimientos sucedidos en el entorno empresarial externo a la organización.

- La **Investigación de Mercados** es un proceso de planificación, recogida, tratamiento y análisis de información, generalmente para dar respuesta a una problemática de marketing específica.
- Las **Bases de Datos Internas** son archivos en los que se recopila y trata información relevante sobre las actividades de la empresa propiamente dichas: fuerza de ventas, logística, contabilidad...
- El **subsistema de Análisis de Información** se encarga del tratamiento y análisis de la información y datos contenidos en los anteriores subsistemas para facilitar su comprensión y utilización por parte de los responsables de la toma de decisiones.

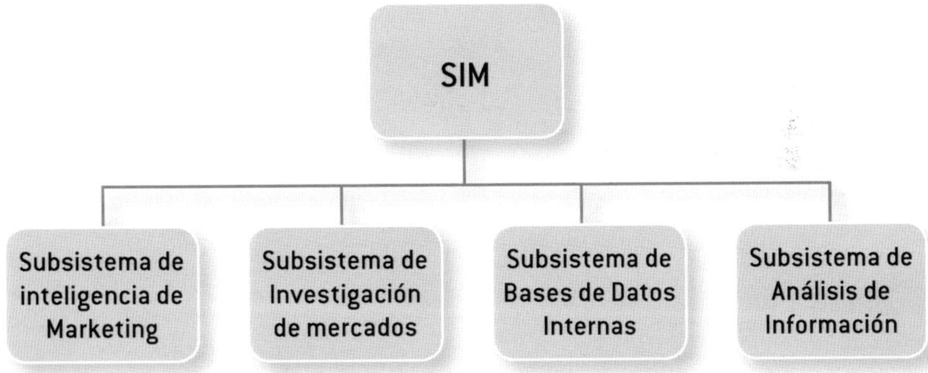

Ventajas del SIM:

- Disponibilidad inmediata de información.
- Mejora de la eficiencia.
- Toma de decisiones más rápidas y fundamentadas.

No obstante, el sistema de información de marketing no está concebido para actuar en problemáticas concretas, sino para ser aprovechado a lo largo y ancho de la organización, en una línea temporal continua, y desde una perspectiva transversal, que engloba a toda la organización.

> Es habitual confundir el Sistema de Información de Marketing con el subsistema de Investigación de Mercados, el cual, por estar contenido dentro del primero, tiene unas funciones más limitadas en tiempo y alcance, aplicándose de forma puntual a una situación de marketing específica.

1.2. Métodos físicos y psicológicos para incentivar las ventas

Objetivos del *merchandising*

1. Incrementar las ventas.
2. Optimizar el espacio de venta.
3. Transmitir la imagen de la empresa.
4. Resaltar las ventajas del producto.
5. Reforzar el mensaje publicitario.
6. Aumentar las compras por impulso.
7. Modificar las decisiones de compra.
8. Atraer y fidelizar consumidores.
9. Aumentar el número de visitas a la tienda.
10. Mejorar la experiencia de compra.

El *merchandising* persigue influir en los consumidores para alterar su intención de compra, en beneficio del fabricante y el detallista. Las acciones de marketing que se llevan a cabo se enfocan primariamente a conseguir que los clientes visiten el establecimiento, realicen una compra, prescriban la marca y el establecimiento y vuelvan a elegir la enseña en compras futuras.

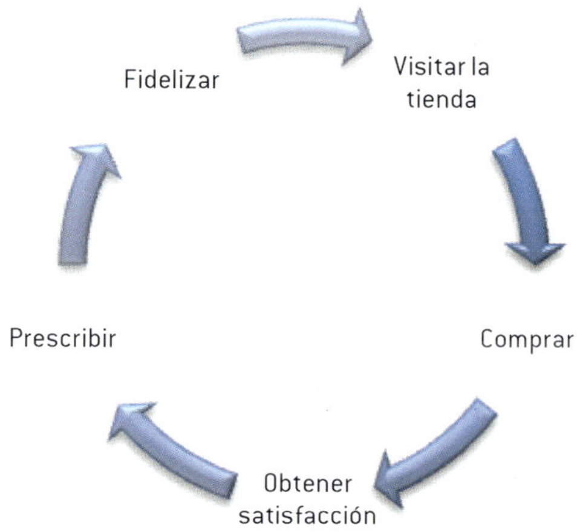

FUNCIONES DEL *MERCHANDISING*

El fabricante y el distribuidor disponen de un conjunto de herramientas para alcanzar los objetivos de venta marcados. Tanto uno como otro pueden actuar por separado o bien trabajar de forma conjunta para optimizar los resultados esperados.

FUNCIONES DEL FABRICANTE

El objetivo principal del fabricante es conseguir la venta de su producto. La estrategia y las técnicas de *merchandising* se encaminan a influir en la presentación de los artículos en el punto de venta para hacerlos más atractivos y persuasivos.

El sector minorista es un mercado muy competitivo, donde las marcas compiten entre ellas por destacar y ser las elegidas por el consumidor, a la vez que negocian duramente con los distribuidores los márgenes de sus productos y batallan por conseguir la mejor posición en la tienda y en el lineal. Dependerá del poder y notoriedad de la marca y de la cuota de mercado del distribuidor que la balanza se incline hacia uno u otro lado en las negociaciones.

- **Diseño del *packaging***: el diseño, el tamaño, el envase, el embalaje, el etiquetado, el grafismo, los colores e incluso el olor son atributos que pueden hacer más o menos atractivo al producto y despertar el deseo del consumidor.

- **Diseño de los expositores y de la publicidad en el punto de venta (PLV)**: los elementos publicitarios situados en el punto de venta atraen la atención del consumidor a la vez que aportan información e identifican al producto en el punto de venta, favoreciendo así el incremento de las ventas y la notoriedad de marca.

- **Supervisión de la óptima exhibición de los productos en el punto de venta**: es una función del detallista la gestión del espacio de venta. No obstante, el fabricante debe complementar esta actividad si quiere asegurarse que su estrategia de marketing se está aplicando correctamente, supervisando los lineales y la adecuada exposición de la PLV, potenciando las ventas, comprobando que los productos están en perfectas condiciones, así como asegurándose de que no se produzcan roturas de stocks de sus productos.

> **EL OBSERVATORIO:**
> **el *packaging* sabroso**
>
> En 2012, una investigación llevada a cabo por la publicación Británica WHICH? reveló la influencia del *packaging* en la percepción del sabor de los alimentos. Se crearon dos grupos para testear un tipo de galletas con pepitas de chocolate. Solo a uno de los grupos se les mostró el diseño del envase. El resultado no dejó lugar a dudas: las mismas galletas eran percibidas como más sabrosas por el grupo que sí pudo tener una referencia estética. Queda patente que el estímulo visual influye en el valor y la calidad percibida.

Además de las funciones mencionadas previamente, el encargado de gestionar la cartera de productos de una empresa en los puntos de venta debe negociar con los distribuidores tanto las cabeceras como el posicionamiento, planogramas, promociones, etc, culminando todo ello en acuerdos comerciales entre ambas partes.

FUNCIONES DEL DISTRIBUIDOR

El distribuidor, detallista o minorista dispone de una ventaja competitiva frente al fabricante, que destaca sobre cualquier otra: la cercanía al consumidor.

Esta proximidad le permite estudiar su comportamiento y sus hábitos, así como interactuar con este de forma directa.

- **Gestión del surtido**: a través del surtido y del nivel de servicios, un establecimiento marca su estrategia de posicionamiento, con la que espera diferenciarse en la mente del consumidor en función de la propuesta de valor ofrecida. El detallista debe de tener muy claro cuál es su público objetivo y las características de este para que la estrategia no adolezca de coherencia.
- **Rotación de los productos**: una rotación y un margen más alto implican una mayor rentabilidad empresarial. El distribuidor debe encargarse de poner en funcionamiento acciones de marketing en el establecimiento que inciten a la compra. De esta forma, se incrementará la rotación de stock.
- **Gestión de la superficie de venta**: en función de la rotación, el margen, la categoría y las negociaciones con los fabricantes, el detallista debe ubicar los productos tratando de maximizar las ventas y los beneficios, mientras satisface las necesidades del consumidor y le ofrece una visita y experiencia de compra satisfactoria.
- **Diseño de la arquitectura interna y externa del establecimiento**: el primer contacto del cliente con nuestra tienda es la arquitectura exterior, que debe ir en consonancia con la imagen corporativa de la empresa. Rótulos, fachadas, puertas y escaparate conforman la carta de presentación, proporcionan información y estimulan el interés de visitar el establecimiento. El interiorismo también debe seguir unas pautas que, siendo acordes con la imagen corporativa y posicionamiento deseado del detallista, maximicen la rentabilidad a través de la disposición del mobiliario, los pasillos, las secciones, el trazado de un itinerario con zonas frías y calientes, la decoración, la iluminación y todo aquello que se disponga para que el establecimiento sea percibido como atractivo y proyecte la imagen deseada.

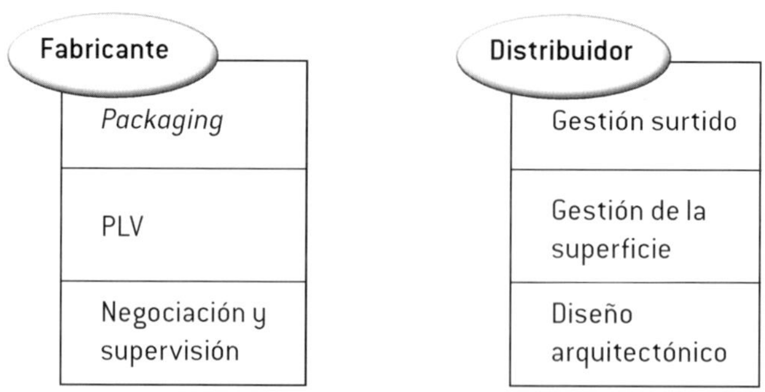

Funciones del *merchandising* para los agentes del canal de distribución.

TIPOS DE *MERCHANDISING*

Como ha quedado claro, el *merchandising* es una herramienta tanto de comunicación como de gestión en la que debe primar la satisfacción de las necesidades de los clientes, proporcionándoles una experiencia positiva, única y recordable en el lugar de venta que le incite hacia la compra. Para optimizar los resultados, se deben combinar dos políticas clasificadas según el área de acción: el *merchandising* de gestión y el *merchandising* visual.

***Merchandising* de gestión o estratégico:** podría considerarse como parte de la política de distribución, en cuanto sus estrategias se enfocan a la gestión del surtido (rotación, colocación...), de la superficie y el lineal, a la política de fuerza de ventas y los servicios asociados. Esta categoría de marketing en el punto de venta persigue optimizar el espacio para conseguir la mayor rentabilidad y satisfacción del cliente.

***Merchandising* visual o de presentación:** relacionado con la política de comunicación, esta disciplina aplica técnicas orientadas a convertir el establecimiento en un lugar que, por el atractivo y la disposición de los elementos, seduzca al cliente e incite a la compra.

El escaparate más rentable de la moda

Inditex, el gigante español de la moda, alcanzó en el año 2015 más de 2.020 millones de euros de beneficios, (un 20 % más con respecto al año anterior), gracias al aumento de las ventas, un 16 % en relación al periodo anterior, y facturando 14.744 millones de euros en sus 6.913 tiendas en 88 países del globo. Zara, la piedra angular de la mayor empresa textil del mundo, registra cifras igual de astronómicas, y lo consigue al hacer recaer el peso de toda su estrategia de comunicación en la gestión del punto de venta. Para Zara, "el cliente es el centro de su particular modelo de negocio, que integra diseño, fabricación, distribución y venta, a través de una amplia red de tiendas propias". La planificación comienza en el cliente final, no en la fábrica. Y es precisamente en el último eslabón de la cadena, los puntos de venta, donde unas eficaces medidas de *merchandising* visual y un innovador sistema de gestión se han convertido en la clave de su éxito. El surtido se renueva periódicamente. Cada dos semanas, los artículos expuestos dejan espacio a otros nuevos, que volverán a ser retirados con la misma periodicidad, de forma que si los clientes quieren hacerse con las novedades, deben visitar frecuentemente la tienda. Esto permite una alta rotación de los productos y un aumento de las ventas. Por otra parte, su estrategia de localización dentro de las ciudades permite que sea su escaparate, emplazado en las áreas con más tránsito comercial, el medio de comunicación principal y casi exclusivo hacía los potenciales clientes, que, atraídos hacia el interior del establecimiento, reciben allí, a la vista de los datos, aquello que demandan y necesitan en cada momento.

TRADE MARKETING: RELACIONES FABRICANTE-DISTRIBUIDOR

El concepto de *trade marketing* surgió en los años ochenta como una función que engloba las relaciones de cooperación dentro del canal de distribución que se producen entre fabricantes y distribuidores y los objetivos, estrategias y planes de acción que llevan a cabo de forma conjunta para la mejora de la rentabilidad en el punto de venta. Esta unión de fuerzas a lo largo de la cadena de suministro favorece un intercambio de información fluida sobre el comportamiento y características del consumidor. En definitiva, es un *merchandising* conjunto que aplica una nueva visión: la importancia del canal en los resultados de ventas.

El *trade marketing* es una política que nace de los propios fabricantes. Los datos avalan la validez de este concepto. El 80 % de los nuevos lanzamientos en el mercado de gran consumo fracasan en el primer año de vida. Es lógico pensar que esto sucede porque no se está comprendiendo al consumidor, lo que deriva en no ofrecerle lo que realmente desea. Para ello, esta disciplina trabaja conjuntamente la gestión del punto de venta, y lo hace desde la óptica de los compradores.

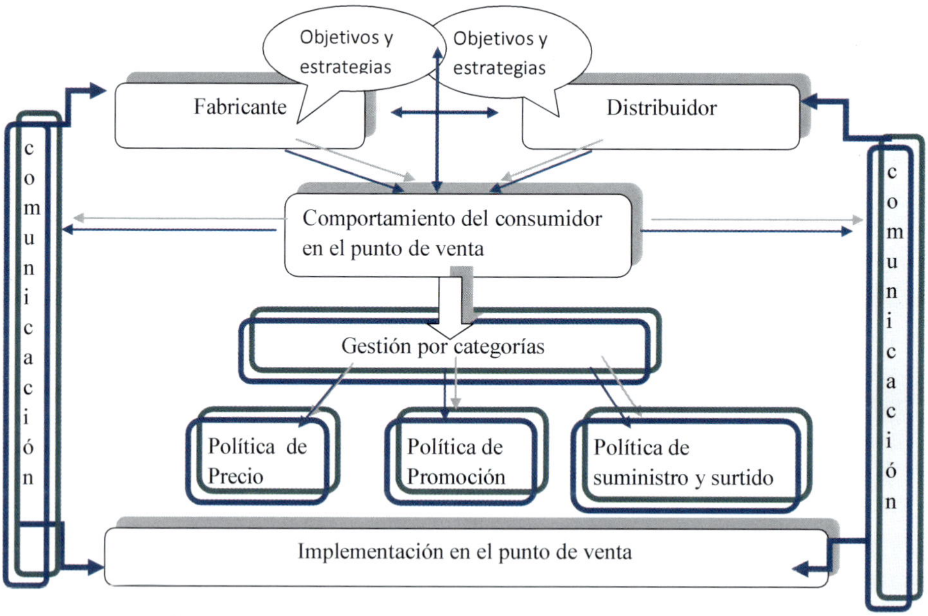

Gestión por categorías desde la visión del *trade marketing*.

El conjunto de referencias del punto de venta ya no se gestionan por familia de productos. En su lugar, a través de un trabajo conjunto de fabricantes y distribuidores, se definen categorías de productos en función de la forma en que satisfacen las necesidades del consumidor.

Según ECR Europa, la gestión por categorías puede reportar mayores beneficios y menores costes, estimando el aumento de las ventas, el margen bruto y la rentabilidad del inventario entre un 5 % y un 10 %, y disminuyendo los inventarios entre un 10 y un 20 % debido a una mejor gestión del surtido, fruto de decisiones estratégicas.

Por ejemplo, una tienda puede tener una familia de pantalones, faldas, blusas y vestidos, pero puede gestionarlas y organizarlas en dos categorías: ropa de fiesta y ropa de sport. Esto último define el uso de la moda en función de la motivación y la necesidad del cliente en el momento de la compra.

Para esto, se debe estudiar el comportamiento del comprador en el punto de venta, analizar sus hábitos de compra para entender perfectamente sus necesidades y, de esta forma, definir, según las estrategias corporativas y de marketing de cada distribuidor, las políticas conjuntas a implementar.

El plan de acción común dará lugar a una estrategia de fijación de precios, unas acciones promocionales y una selección de surtido cuidada, apoyadas todas ellas en las técnicas de *merchandising* para optimizar y maximizar el punto de venta.

1.2.1 Análisis del consumidor en el punto de venta

El consumidor es una unidad de investigación y análisis imprescindible para el diseño y la planificación de campañas de marketing, y es de vital importancia para la gestión del punto de venta conocer un comportamiento y unas motivaciones que definen un árbol de decisión de compra cada vez más complejo.

MOMENTO DE LA DECISIÓN DE COMPRA

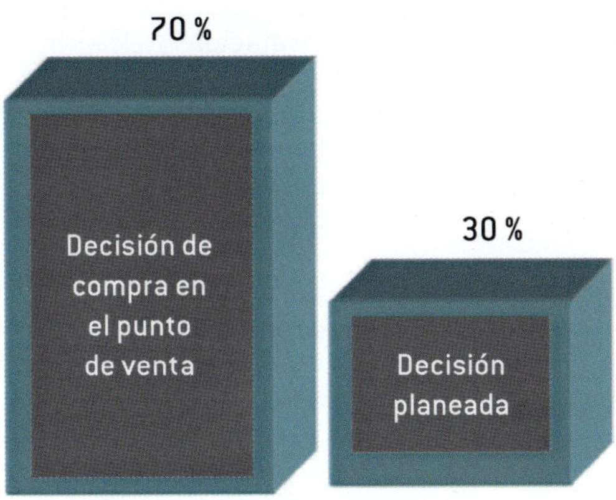

Elaboración propia. Datos extraídos del Estudio *Store-Effect* realizado por GfK Alemania.

Según Philip Kotler, el proceso de decisión de compra incluye 5 etapas:

1º) Reconocimiento del problema o necesidad: la necesidad puede surgir por condicionantes internos o externos, y ser real o ficticia. Los consumidores tienen unas características concretas que definirán sus necesidades, pero además, se puede influir con estímulos tales como la publicidad o cualquier elemento de ambientación desplegado en el punto de venta.

2º) Búsqueda de información: en este momento, el consumidor comienza a investigar con la intención de tomar la mejor decisión para solucionar el problema o satisfacer la necesidad. Los consumidores utilizan a los amigos, la familia, Internet o el propio punto de venta para recopilar información.

3º) Evaluación de alternativas: en esta fase el consumidor analiza las cualidades de cada marca o producto en relación a la necesidad que satisfacen y establece una serie de valores y creencias en función de influencias internas y externas.

4º) Decisión de compra: en este momento, el consumidor decide adquirir una de las marcas o productos que ha investigado y evaluado en las fases previas.

5º) Comportamiento post-compra: si el comprador queda satisfecho, será fácil fidelizarlo y actuará como prescriptor de la marca, mientras que si tiene una experiencia insatisfactoria, las consecuencias para la empresa pueden ser nefastas, puesto que hoy día las nuevas tecnologías permiten una rápida expansión e impacto de las opiniones vertidas por los consumidores.

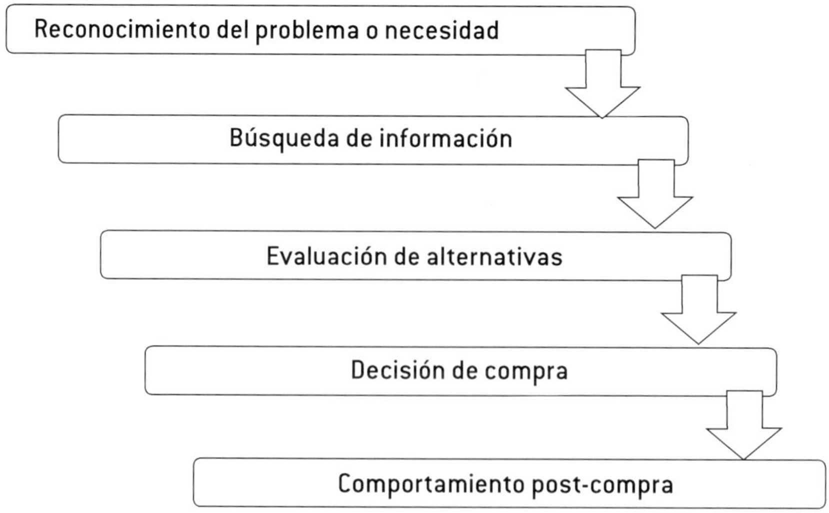

Este tradicional proceso de compra se ha visto modificado por la accesibilidad a través de dispositivos móviles a Internet y a redes sociales. El 50 % de los consumidores compara las ofertas antes de acudir al establecimiento y un 30 % de ellos deciden ya en esa fase del proceso, las marcas que van a adquirir. En la era digital, un consumidor permanentemente conectado, ya no llega a la tienda a ciegas. Tras informarse en Internet y guiarse por opiniones vertidas en redes sociales, llega al establecimiento empoderado y, consecuentemente, más exigente. El consumidor de hoy crea y transmite y, como tal, puede convertirse en aliado o en enemigo de nuestra marca, negocio o establecimiento a un nivel antes solo alcanzable para los medios de comunicación de masas.

Para los consumidores que han convertido el proceso de compra en un acontecimiento lúdico, el punto de venta y todo lo que allí se dispone debe ir encaminado a proporcionar una experiencia única, que cree un vínculo emocional entre el cliente y la marca. Ver, tocar, explorar y usar sus sentidos para comparar aquello de lo que ha estado investigando previamente es la motivación última del consumidor.

Esta era digital en la que estamos inmersos ha generado nuevos perfiles de compradores. Los tradicionales, que siguen el proceso de compra hasta ahora habitual, conviven con aquellos que, en mayor o menor medida, aprovechan la información y la interacción que Internet les brinda.

Para algunos, visitar el punto de venta ayuda a despejar dudas. Para otros, es la forma de vivir una verdadera experiencia de compra. Sea como sea, es aún un momento crucial donde se deciden el 70 % de las compras. La presencia e imagen de la empresa generada en Internet puede tornarse decisiva para atraer a consumidores al establecimiento, pero será la experiencia en el punto de venta lo que determinará su respuesta final.

Para ofrecer al público objetivo lo que demanda, es necesario conocerlo e identificar las pautas de consumo que responde-

EL OBSERVATORIO:

Frávega, una de los mayores fabricantes de electrodomésticos de Argentina, llevó a cabo en el año 2014 una investigación de la mano de TNS y Google que analizaba cómo las herramientas de publicidad *online* contratadas por la empresa influían directamente en las compras en el canal *offline*.

El 10,2 % de las ventas en los establecimientos físicos fueron generadas gracias al marketing digital.

Los resultados del estudio remarcan la importancia de mantener una cuidada presencia *online* que incremente las posibilidades de ser elegido en el lineal de la tienda.

COMPRAS PREVISTAS

Son las compras racionales, aquellas que ya están decididas antes de entrar en el establecimiento. Una vez allí, las marcas pueden aún desplegar sus armas para ser la opción elegida ante compradores no fieles.

COMPRAS POR IMPULSO

Son aquellas que se realizan sin una intención previa y, por tanto, suelen decidirse ya en el establecimiento.

rán a las siguientes preguntas: qué compra, quién compra, cuándo y cuánto compra y por qué compra. Para ello, la empresa debe contar con herramientas de gestión que permitan recopilar información sobre los clientes y controlar todo lo que acontece en el establecimiento en relación a los mismos.

La segmentación de clientes es la nueva estrategia que comienza a tomar fuerza en el comercio minorista, y las posibilidades son infinitas.

No todos los consumidores actúan de la misma forma, ni llenan la cesta de la compra con los mismos productos. Y aún más complicado es el hecho de que las motivaciones de cada uno de ellos son diferentes y, en muchas ocasiones, únicas. Es el propio establecimiento quién debe delimitar las variables que empleará para crear perfiles de clientes, a quienes deberán programar estrategias de marketing diferenciadas, que adapten la oferta a las necesidades y motivaciones de cada comprador.

Los dos grandes grupos en los que puede diferenciarse el comportamiento del consumidor en relación a las compras son: compras planeadas, con intención previa a la visita al establecimiento, y compras no previstas, que se deciden durante el proceso de compra.

Las compras por impulso pueden deberse a las características del producto en sí, pero es el establecimiento el que debe determinar las categorías en función de las necesidades del consumidor para situar los productos de la forma más atractiva y rentable.

La clave para la optimización de la rentabilidad del punto de venta es trazar unos perfiles de clientes según los criterios de segmentación oportunos que permitan no solo optimizar el punto de venta, sino por otra parte, desarrollar acciones diferenciadoras en función de la tipología de clientes.

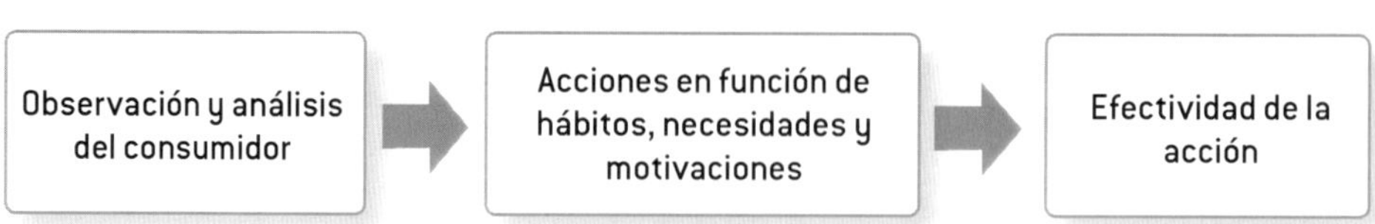

1.3. Análisis del punto de venta

Como ya se ha estudiado, el punto de venta es un punto de contacto clave en el proceso de decisión de compra del consumidor, y su gestión y disposición no debe dejarse al azar, todo lo contrario, debe ser fruto de un estudio detallado de las condiciones óptimas en las que todos los elementos del punto de venta deben ser dispuestos.

En este punto estudiaremos cómo distribuir la superficie de venta, cómo fomentar los puntos calientes y mejorar el tránsito de las zonas frías, situar las secciones y distribuir de forma óptima los productos en el lineal. Todo ello de acuerdo a los objetivos de venta establecidos.

1.3.1. Superficie de venta: espacio y lineales

La arquitectura interior del local y la disposición de sus elementos debe perseguir una optimización de los espacios y un diseño que satisfaga las necesidades e intereses de los clientes para incrementar la rentabilidad del mismo.

Para determinar la disposición de los elementos del punto de venta la clave es, de nuevo, el comportamiento del consumidor y sus tendencias naturales.

Para conseguir optimizar el espacio de venta y, de esta forma, incrementar las ventas y los beneficios, se debe tener en consideración los siguientes elementos:

- Hay que hacer circular a los clientes por toda la superficie de venta.
- Incrementar la rentabilidad de los puntos fríos.
- Equilibrar las ventas de productos con margen bajo con los de margen alto.
- Incrementar las ventas por impulso.
- Disponer el espacio de forma atractiva para el consumidor y así ofrecer una experiencia de compra satisfactoria que consolide al consumidor como cliente habitual y que incremente el tiempo de permanencia en el establecimiento en cada visita.

ZONAS FRÍAS Y CALIENTES

En el momento de determinar la disposición de los elementos de un punto de venta es importante definir primeramente cuáles son las zonas frías y las zonas calientes, cuya situación variará en función de la estructura arquitectónica del local.

Los estudios demuestran que los consumidores tienden a mirar y desplazarse en el sentido contrario al de las agujas del reloj, es decir, mirar y dirigirse primero a la derecha para posteriormente desplazarse hacia la izquierda (debido posiblemente a que se suele llevar el carro o la cesta con la mano izquierda para tener libre la mano contraria para coger artículos).

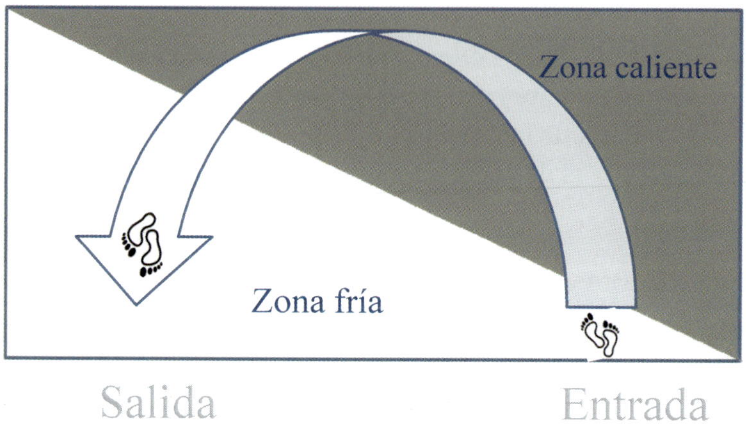

Como se aprecia en la imagen, esa tendencia natural convierte una parte del establecimiento en una zona poco transitada.

Independientemente de la estructura del punto de venta, será inevitable la existencia en mayor o menor medida de zonas más y menos transitadas, y se debe tener en cuenta el principio del recorrido natural del consumidor para determinar qué zonas hay que ambientar y cómo debe gestionarse el surtido según la situación de esas zonas.

Las **zonas calientes**: son las áreas más visitadas por los clientes, suelen coincidir con la entrada, las cajas o mostradores, así como los cruces de pasillos y los probadores.

Las **zonas frías**: son las de menor tráfico, corresponden a la parte final de la tienda, detrás de las columnas, ciertos rincones...

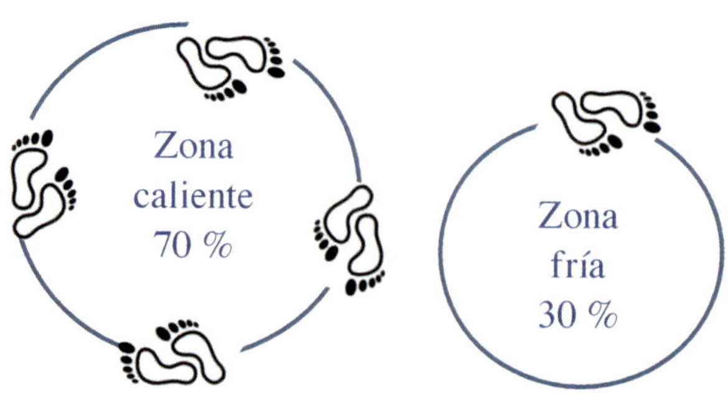

El 70 % de los clientes que visitan un establecimiento solo recorren las zonas calientes, por lo que es recomendable seguir una serie de pautas para tratar de optimizar todo el espacio disponible:

- Situar, si es posible, la entrada a la derecha.
- Evitar, en la medida que el espacio lo permita, los obstáculos arquitectónicos tales como columnas, rincones, pasillos sin salida, que se consideran zonas frías.
- Reforzar las zonas frías con un adecuado uso de la iluminación, la PVL, la decoración...
- Mejorar la señalización.
- Favorecer la permanencia del cliente en el establecimiento.
- Buscar la complementariedad entre secciones limítrofes para facilitar el recorrido al cliente y la comodidad en la compra.
- Situar los productos en promoción y los productos de atracción en las zonas frías y los productos por impulso y con mayor margen en las zonas calientes.
- Los productos de compra por impulso que quieran destacarse deberían situarse a la derecha, ya que el comprador tiende a ese lado de manera natural.
- Los bienes de primera necesidad deberían distribuirse por toda la superficie de la tienda, obligando así al cliente a realizar un recorrido mayor por el establecimiento.

PUNTOS CALIENTES Y PUNTOS FRÍOS

Los puntos fríos son aquellos lugares del establecimiento cuya rentabilidad está por debajo de la media del establecimiento, mientras que los calientes, por el contrario, son aquellos que reportan un alto beneficio,superior al resto de la superficie de exposición y venta.

Para crear un punto caliente artificial, es efectivo aplicar técnicas de ambientación que atraigan la atención del consumidor hacia zonas en las que no se detendría de forma natural, aumentando así la rentabilidad de esos espacios.

Puntos calientes	Puntos fríos
• Mostrador. • Cajas y zonas próximas. • Cruce de pasillos. • Zonas con iluminación y decoración atrayente. • Obstáculos en los recorridos habituales. • Espacio con artículos en promoción. • Demostraciones y degustaciones. • Cabeceras de góndola. • Baldas centrales de la estantería. • Próximos a artículos de atracción.	• Rincones, columnas, puntos ciegos. • Zonas o pasillos sin salida. • Laterales del lineal. • Zona con luz deficiente. • Zonas sucias. • Estantes bajos y altos. • Áreas peligrosas.

Las zonas calientes y frías están delimitadas por el tránsito de clientes, mientras que los puntos fríos y calientes se categorizan en función de la rentabilidad que aportan al establecimiento.

DISPOSICIÓN DEL MOBILIARIO

Generalmente, el establecimiento puede tomar tres estilos de disposición del mobiliario: libre, en parrilla o en espiga en función de cómo se disponga el mobiliario dentro del establecimiento, que, a su vez, determinará el recorrido del cliente a través de este.

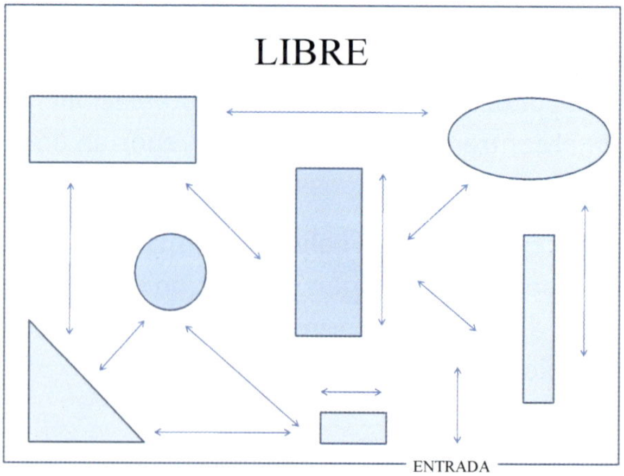

La **disposición libre** permite la libertad de movimiento en el establecimiento, al no seguir una estructura fija. Se considera adecuada para las compras por placer, tales como boutiques o tiendas de regalos.

Las ventajas que ofrece este tipo de disposición es la imagen de originalidad y personalización que puede ofrecer, ya que permite total flexibilidad y adaptación al establecimiento al colocar los muebles como se desee sin seguir un patrón predefinido.

Como inconveniente está la necesidad de emplear muebles a medida, que podría incrementar el coste de esta decoración.

La **disposición en parrilla** dispone el mobiliario de la tienda de forma recta. El punto de venta se divide en secciones de forma que la compra se haga ordenadamente, siguiendo un recorrido lógico.

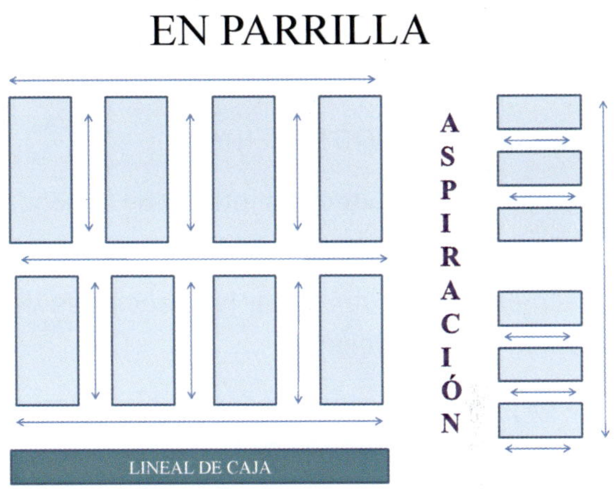

Las ventajas de este modelo son el aprovechamiento del espacio, la facilidad de localización de los productos por parte de los clientes y el bajo coste de los muebles, que suelen ser estándar.

Los inconvenientes derivados de esta disposición recaen en el poco atractivo que ofrece para los clientes en relación con el trazado libre, que es más original y, por otra parte, aunque se marque un recorrido lógico, el cliente puede acortarlo fácilmente, evitando recorrer ciertas zonas.

Su uso es habitual en tiendas de conveniencia, supermercados e hipermercados, donde se diferencian diferentes zonas, secciones claramente definidas y pasillos de diferente amplitud, que claramente las delimitan.

La colocación de los muebles **en espiga** despliega la zona expositiva en forma oblicua, guiando el recorrido de los clientes.

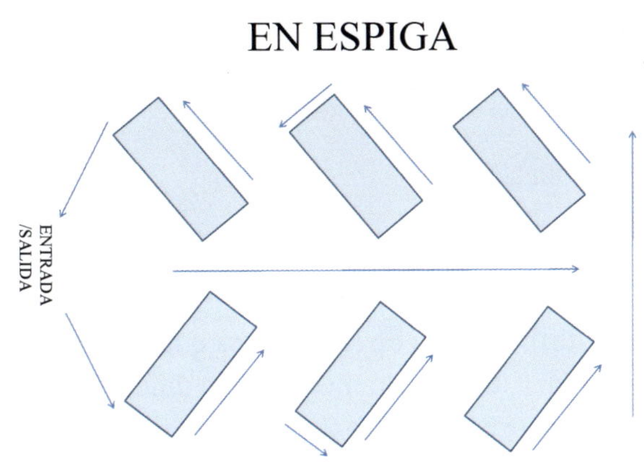

La ventaja de este sistema es que facilita la visualización completa de todas las secciones, aumentando el atractivo del recorrido en el punto de venta.

Como inconveniente a destacar está el poco aprovechamiento del espacio a favor de una mayor visibilidad del surtido expuesto.

Por último se encuentra la distribución abierta o cerrada. Harrys (1992) estableció que la diferencia entre ambas es que en la primera no hay separación entre secciones, al contrario que en la cerrada, que aplica un estilo diferente a cada sección, con distintos tipos de muebles o incluso con paredes, facilitando al consumidor el recorrido y la localización de los productos.

SECCIONES DEL PUNTO DE VENTA

El diseño de la arquitectura interior de la tienda también debe tener en consideración los departamentos o secciones en los que ésta se va a dividir.

En el momento de distribuir las secciones deben tenerse en cuenta las siguientes consideraciones:

- **Los productos complementarios:** por comodidad para el consumidor y por establecer un orden en el recorrido, es aconsejable situar los productos complementarios en secciones adyacentes o próximas.
- **La naturaleza de los productos:** los productos frescos necesitan unas condiciones especiales de conservación y unos requerimientos, tales como desagües, cámaras frigoríficas, etc., que condicionan su ubicación. Es por ello que suelen situarse en los laterales del establecimiento.
- **Los tipos de productos en función de los hábitos de compra:** los productos de primera necesidad deben situarse en diferentes zonas para obligar al cliente a realizar un recorrido más amplio por el establecimiento, visitando más secciones. Los productos de compra impulsiva, por el contrario, pueden situarse cerca de las cajas o mostradores y en zonas de elevado tránsito para que los clientes los visualicen sin esfuerzo. Los productos de compra reflexiva o de aspiración necesitan de un espacio amplio que permita el análisis y la reflexión sin molestias.

LOS PASILLOS

Los pasillos de un establecimiento son las zonas que guían el recorrido de los clientes a través de toda la superficie de venta del establecimiento.

La determinación de la anchura y longitud óptima de los pasillos no es una tarea fácil. Un pasillo muy amplio dificultaría la visibilidad de los dos lados y desaprovecharía el lineal, mientras que un pasillo demasiado estrecho crearía cuellos de botella, pudiendo causar molestias a los clientes.

La determinación de la anchura y longitud dependerá de la categoría de productos expuestos, de la arquitectura y dimensiones del local y de la política comercial de la empresa. Por ejemplo, un establecimiento donde se utilice carro de la compra necesita tener pasillos con una anchura de al menos 3 carros.

Según su situación espacial y dimensiones, se diferencian tres tipos de pasillos:

Pasillos de acceso: estos pasillos se sitúan con la entrada al establecimiento. Canalizan el flujo de clientes hacia el interior y dirigen el tráfico hacia las diferentes secciones. Suelen diseñarse de forma transversal a los pasillos principales. Su medida, entre 1,8 y 3 metros, es la referencia para establecer la anchura de las otras tipologías de pasillos.

Pasillos centrales: son los pasillos que discurren entre las zonas de exposición de los productos. Su función es guiar y dirigir al cliente a través del interior del punto de venta. En función del tamaño del establecimiento, pueden variar entre una medida de 3 a 6 metros.

Pasillos aspiracionales: el pasillo de aspiración es el más amplio de un establecimiento. Su función es comunicar el inicio de la zona expositiva con el fondo del punto de venta y suele emplearse para situar promociones y ofertas. Debido a sus dimensiones, que varían entre los 4,5 y los 9 metros, solo las grandes superficies pueden aspirar a contar con ellos. Las de menor dimensión lo sustituyen por un pasillo principal.

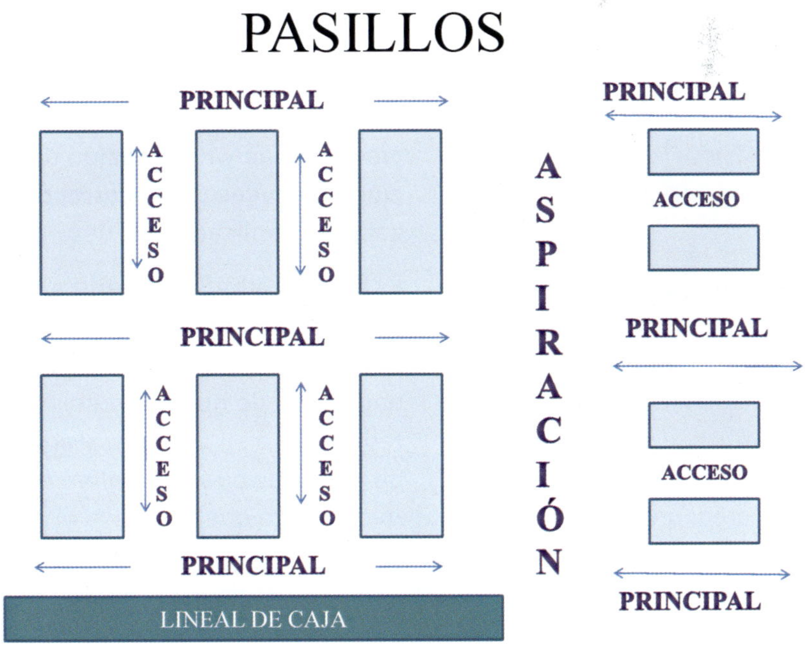

EL OBSERVATORIO:

Los resultados de una encuesta realizada en enero de 2011 en distintos locales de la ciudad de Portland, EE. UU., encabezada por Chadwick Martin Bayle y publicada por White Horse Group determinaron que el 84 % de los consumidores utilizan sus smartphones para realizar determinadas tareas relacionadas con el acto de compra. El estudio revela que principalmente acuden a Internet para comparar precios y recomendaciones sobre el producto.

- Buscar un precio más barato: 72 %.
- Buscar opiniones del producto: 67,8 %.
- Averiguar información sobre las tiendas del detallista: 61,1 %.
- Enterarse de ofertas especiales: 52 %.
- Visitar la web del producto o fabricante: 51,1 %.
- Escanear códigos QR o de barras: 39,2 %.
- Utilizar cupones de descuento enviados al smartphone: 31,9 %.
- Utilizar la aplicación app del propio detallista: 21,9 %.
- Ver instrucciones de uso o ensamblaje: 13,4 %.

El pasillo mobile: este concepto de reciente incorporación a la disciplina del marketing puede definirse como la interacción del cliente con el establecimiento a través de la tecnología móvil, con la peculiaridad de que este acto se lleva a cabo en el mismo instante que el cliente recorre físicamente los lineales del punto de venta, de ahí su denominación e incorporación a la ya tradicional clasificación de pasillos.

Derivado de la expansión de las nuevas tecnologías y la incorporación del móvil a nuestra rutina diaria, surge este nuevo hábito de compra, obligando al experto en *merchandising* a generar novedosas acciones y aplicar nuevas técnicas que satisfagan a un consumidor cada vez más informado y exigente que demanda por parte del establecimiento y las marcas nuevas experiencias en el proceso de compra, donde lo *offline* y lo *online* confluyen a toque de click.

Las pautas a seguir son: incorporación de zona wifi, creación de aplicaciones móviles y una correcta señalización y explicación de uso.

Este nuevo hábito puede alterar en gran medida la decisión de compra, por lo que su adecuada gestión se hace a día de hoy imprescindible, integrándose en una estrategia global de acciones *offline* y *online* combinadas para crear una reputación e imagen de marca que satisfaga al cliente y, en última instancia, consiga fidelizarlo.

ACTIVIDAD 1

En un hipermercado podemos encontrar las siguientes secciones:

- Aceites y especias.
- Muebles - música.
- Papelería y librería.
- Productos lácteos.
- Zumos y refrescos.
- Aperitivos.
- Bollería y panadería.
- Carnicería.
- Menaje.
- Droguería.
- Frutas y verduras.
- Aguas minerales.
- Ocio y tiempos libre.
- Pescadería.
- Textil y calzado.
- Charcutería.
- Bebidas alcohólicas.
- Imagen y sonido.
- Congelados.
- Conservas.
- Electrodomésticos.
- Juguetes.

Dibuja un plano distribución de los muebles expositores y los pasillos y sitúa las diferentes secciones justificando el motivo.

1.3.2. Ubicación del producto: optimización del lineal y superficie de venta

Para determinar cuál es la mejor situación para cada uno de los productos que forman parte de la oferta del establecimiento, debemos fijar la atención tanto en las estrategias de cada tipo de establecimiento como en las pautas de consumo del comprador. El público objetivo, su comportamiento de compra y la rentabilidad de cada una de las referencias determinarán la óptima disposición de los productos en el lineal.

CONCEPTO Y FUNCIONES DEL LINEAL

El lineal se puede definir como todo el espacio destinado en el punto de venta a la exposición de los productos (H. Salen). Un lineal puede estar formado por muebles expositores o por vitrinas, góndolas, palets y cualquier otro mobiliario que se adecúe a las características del producto y del establecimiento.

Las funciones del lineal son:

- **Ofrecer los productos** de forma inmediata y sencilla, sin necesidad de intervención de un vendedor, o de un mostrador de por medio.
- **Atraer la atención del cliente** a través de la adecuada colocación de los productos en función de su tamaño, colorido, etc., y de la PLV situada en el propio lineal.
- **Publicitar** los productos, facilitando su elección.
- **Provocar el acto de compra,** ya que si el lineal está correctamente gestionado, atrae la atención del cliente y facilita la elección de los productos, lo que culminará en la decisión de compra.

El lineal, desarrollando las funciones anteriores, actúa como un vendedor silencioso, especialmente en los establecimientos en régimen de autoservicio, adquiriendo una importancia vital en la decisión de compra, pues la interacción en estos establecimientos se produce entre la estantería y el cliente, sin intermediar, generalmente, la fuerza de ventas en el proceso.

"El lineal es un vendedor silencioso"

SUPERFICIE DEL LINEAL

Hemos definido el lineal como el espacio de exposición de los productos, pero, de forma más técnica, el lineal puede considerarse como una medida longitudinal que establece el espacio de exposición de los artículos en un espacio de venta.

Para medir el lineal, se pueden utilizar tres conceptos diferenciados:

- **Lineal a ras de suelo:** longitud de los muebles expositores en sentido horizontal.
- **Lineal desarrollado:** longitud multiplicada por la altura de cada estante, es decir, por el número de baldas de que está compuesto.
- **Lineal total:** suma del lineal de exposición de todo el establecimiento.

La importancia de determinar la medida del lineal radica en la relación directa del espacio de exposición de un producto con el resultado de ventas del mismo. El surtido debe ser optimizado en términos de satisfacción y rentabilidad para aprovechar al máximo el siempre limitado espacio de venta.

N.º de estantes de exposición: 5

Longitud a ras de suelo: 2 m.

Lineal desarrollado = 5 x 2 = 10 m.

El ***facing*** es el número de unidades de un mismo producto que se exponen en la primera fila de la estantería.

La medida de longitud no es la única empleada para determinar cuánto espacio ocupa o debe ocupar una determinada referencia o familia. También es habitual emplear como medida el *facing*.

¿Por qué es importante un mayor ***facing***?

- La cantidad de producto expuesto afecta directamente a las ventas.
- La visibilidad de un producto incrementa su notoriedad de marca y el valor percibido.

NIVELES DEL LINEAL

Un mueble expositor suele estar formado por varias estanterías situadas a diferentes alturas, desde aquella que se sitúa más cercana al suelo hasta aquella que está por encima de nuestras cabezas.

Diversos estudiados han comprobado que la localización de los productos en la estantería influye poderosamente en la visibilidad y atención del comprador, afectando a la rentabilidad y la rotación del producto en cuestión.

A efectos de influencia en relación a la respuesta del consumidor, la estantería puede dividirse en cuatro niveles: nivel ojos, nivel manos, nivel suelo y nivel cabeza.

Nivel ojos: 120-170 cm
Nivel manos: 80-120 cm
Nivel suelo: 0-80 cm

Nivel superior o "nivel de los ojos": el objetivo de este nivel es atraer la atención del comprador de los productos allí expuestos. Es el nivel que favorece más las ventas porque ofrece una mayor visibilidad con respecto al resto. Este nivel se sitúa en torno a una altura de 120 a 170 cm.

Nivel medio o "nivel de las manos": en este nivel los productos son de fácil acceso para la comodidad del consumidor. Es un nivel que se sitúa en torno a una altura de 80 o 120 cm.

Los productos con mayor margen, las marcas con notoriedad y los productos de atracción deben situarse en este nivel y en el nivel ojos.

Nivel inferior o "nivel de suelo": en este nivel la visibilidad es muy reducida. Para el comprador es un esfuerzo ver y coger los productos que se encuentran en este espacio. Este nivel llega hasta los 80 cm desde el suelo.

También se puede considerar el **nivel de cabeza**, que está por encima del nivel de los ojos y, al igual que el nivel inferior, es incómodo para el cliente por la dificultad para alcanzar el producto. Sin embargo, este nivel podría ser útil para fines publicitarios, por ofrecer cierta visibilidad.

La decisión sobre el número de *facings* de una referencia y su situación en el lineal es un trabajo conjunto que debe basarse en los preceptos del trade marketing, cooperando entre fabricante y distribuidor para conseguir cotas óptimas de rentabilidad y satisfacción del cliente.

VARIACIONES DEL LINEAL

Si un producto cambia su distribución de un nivel a otro, puede verse ampliamente afectado en sus ventas, de forma positiva o negativa. El nivel que aporta más rentabilidad es el nivel ojos, seguido del de manos y, por último, los niveles suelo y cabeza.

Los datos de la siguiente tabla reflejan los resultados de un estudio llevado a cabo en relación a la variación de ventas en un lineal:

Nivel inicial	Cambio a otro nivel:		
	Nivel suelo	**Nivel manos**	**Nivel ojos**
Nivel suelo	------	35 %	75 %
Nivel manos	−40 %	------	63 %
Nivel ojos	−33 %	−20 %	------

EJEMPLO:

Una marca de colonia se sitúa en el lineal del supermercado al nivel del suelo. Sus ventas actuales son de 30 € diarios. La empresa ha diseñado una nueva estrategia de comunicación y negocia con el responsable del establecimiento comercial un cambio a otro nivel superior en el lineal, el nivel manos.

¿En cuánto aumentarán sus ventas de acuerdo a los datos facilitados?

Si las ventas aumentan al pasar del nivel del suelo al nivel de manos un 35 %, las ventas previstas serían 30* (1,35) = 40,5 €. La empresa comenzaría a ingresar 10,5 € más por día.

IMPLANTACIÓN DE PRODUCTOS EN EL LINEAL

La estrategia definida sobre la colocación del volumen de referencias que un establecimiento tenga como parte de su surtido de productos es una de las decisiones más importantes del responsable de marketing del establecimiento.

La horquilla mínima y máxima de superficie de exposición para cada referencia viene determinada por lo siguientes factores:

- El espacio que requiere cada producto.
- Capacidad del mueble expositor.
- Rotación del producto.
- Espacio mínimo necesario para ser percibido por el cliente.

> Por debajo de 30 centímetros una referencia no será visualizada por el consumidor.

Según numerosos estudios, son necesarios al menos 30 centímetros en pequeñas y medianas superficies, mientras que en una gran superficie será necesario casi el doble (50-60 centímetros) para que un producto sea visualizado correctamente por el cliente. Si la unidad de referencia que utilizamos son los *facings*, las investigaciones los sitúan en 3 como mínimo, teniendo en cuenta que en ese caso el espacio ocupado en el lineal variará en función del tamaño del producto.

La disposición y el espacio en el lineal de cada referencia o familia dependen de los objetivos que se hayan marcado a corto, medio y largo plazo. A largo plazo, los que se relacionan con el aumento de las ventas o del margen de beneficio del establecimiento. A más corto plazo, las necesidades pueden ir encaminadas a promocionar un determinado producto o a eliminar stock en almacén, o incluso eliminarlo del surtido.

Existen una amplia variedad de técnicas para determinar el espacio óptimo del lineal de una familia o de una referencia concreta en función de criterios cuantitativos y cualitativos. A continuación se detallan 4 de los métodos más habituales:

- En función de las ventas.
- En función del margen.
- En función de la rotación.
- En función de los hábitos de consumo.

REPARTO DEL LINEAL SEGÚN LA CIFRA DE VENTAS

Con este método, el reparto se lleva a cabo en secciones, teniendo en cuenta las ventas obtenidas por cada familia de productos en un tiempo determinado.

$$lf = \frac{Vf * L}{V}$$

Longitud del lineal asignado a la familia (lf).

Ventas de una familia de productos en un periodo determinado (Vf).

Longitud del lineal a ras de suelo de todo el establecimiento (L).

Ventas totales del establecimiento en un periodo determinado (V).

Ahora que ya se ha determinado el espacio óptimo para cada familia, es el momento de abordar el espacio de exposición óptimo de cada referencia dentro de esa familia.

Longitud del lineal asignado a una referencia determinada (lr).

Ventas de la referencia en un periodo determinado (Vr).

Longitud del lineal a ras de suelo de la familia a la que pertenece la referencia (Lf).

Ventas totales de la familia en un periodo determinado (Vf).

$$lr = \frac{Vr * Lf}{Vf}$$

REPARTO DEL LINEAL EN FUNCIÓN DEL MARGEN BRUTO

$$lf = \frac{mf * L}{M}$$

Longitud del lineal asignado a la familia (lf).

Longitud del lineal a ras de suelo de todo el establecimiento (L).

Margen total del punto de venta o de la sección en un periodo determinado (M).

Margen de la familia de productos en el mismo periodo de tiempo (mf).

Ahora que ya se ha determinado el espacio óptimo para cada familia, es el momento de abordar el espacio de exposición óptimo de cada referencia dentro de esa familia.

Longitud del lineal asignado a una referencia determinada (lr).

Longitud del lineal a ras de suelo de la familia (Lf).

Margen total de la familia en un periodo de tiempo determinado (Mf).

Margen de una referencia en el mismo periodo de tiempo (mr).

$$lr = \frac{mr * Lf}{Mf}$$

REPARTO DEL LINEAL EN FUNCIÓN DE LA ROTACIÓN

$$lf = \frac{uf * L}{U}$$

Longitud del lineal asignado a la familia (lf).

Longitud del lineal a ras de suelo de todo el establecimiento (L).

Unidades totales vendidas del punto de venta o de la sección en un periodo de tiempo determinado (U).

Unidades totales vendidas de una familia en el mismo periodo de tiempo (uf).

Longitud del lineal asignado a una referencia determinada (lr).

Longitud del lineal a ras de suelo de la familia (Lf).

Unidades totales vendidas de la familia en un periodo de tiempo determinado (Uf).

Unidades totales vendidas de una referencia en el mismo periodo de tiempo (ur).

$$lr = \frac{ur * Lf}{Uf}$$

REPARTO EN FUNCIÓN DE LOS HÁBITOS DE COMPRA DEL CONSUMIDOR

Por último, reflejamos el método probablemente más relevante desde el punto de vista del marketing. Los gustos, las necesidades y la satisfacción del consumidor también pueden determinar la arquitectura de un lineal. Los métodos cuantitativos tienen el inconveniente de ser estáticos y arrojar datos para un periodo concreto de tiempo. En contraposición, no hay elemento más dinámico que un consumidor, con hábitos y estilos diferentes y cambiantes, por lo que es muy importante dirigir la mirada hacia las tendencias del mercado.

En este método se asigna el espacio a las familias de productos en función del porcentaje que estas supongan en el presupuesto de compra de los hogares o en las previsiones de gasto según las tendencias.

LA ENCUESTA

La **encuesta de presupuestos familiares** del Instituto Nacional de Estadística refleja el gasto medio por hogar y por grupos de gasto, así como su evolución interanual. De aquí puede extraerse valiosa información sobre el comportamiento del consumidor.

No existe un método óptimo, todos tienen sus ventajas e inconvenientes, y es decisión del establecimiento, en función de los objetivos marcados, seleccionar el método que considere más conveniente. Existe la posibilidad de calcular el espacio del lineal en función de más de un criterio, cuya media sirva como valor orientativo.

Una vez empleado alguno de los métodos explicados anteriormente, se dispondrá de una información muy valiosa para la toma de decisiones, arrojando dos posibles resultados que concluirán con decisiones sobre las familias y referencias ofertadas dentro del surtido.

Familia infradimensionada: se considera que una familia está infradimensionada si al estudiar su espacio en el lineal, el resultado óptimo obtenido está por encima de la superficie real ocupada por la familia en el establecimiento. En este caso, se debe valorar por los responsables el incremento de la superficie de exposición.

Familia sobredimensionada: se considera que una familia o referencia está sobredimensionada cuando ocupa una superficie en el punto de venta superior a la superficie óptima en función de sus ventas, márgenes o cuota de mercado.Según este dato, podría ser adecuado reducir la superficie de exposición para la familia estudiada.

ACTIVIDAD 2

Supongamos que un supermercado cuenta con 500 metros de lineal a ras de suelo, y al cierre del último ejercicio económico ha obtenido un beneficio bruto de 3,5 millones de euros, contribuyendo en un 1 % a este resultado la familia de frutas, que ocupa 7 metros de lineal. Dentro de esta familia, la naranja valenciana en malla de 5 kg aporta al resultado total un margen bruto de 8.000 euros, ocupando 2 metros de lineal.

Calcula la longitud óptima para esa familia en función del margen bruto. Utilizando el mismo criterio, determina cuál sería el espacio óptimo para la referencia mencionada.

En función de los cálculos realizados, ¿está la familia y la referencia sobredimensionada o infradimensiada? Justifica tu respuesta y propón alternativas.

ACTIVIDAD 3

Según los últimos datos arrojados por la Encuesta de Población Activa (INE, 2014), el gasto medio por hogar en productos de alimentación ha sido el siguiente:

Pan y cereales	11.377.336,67
Carne	17.985.949,75
Pescado	8.674.058,39
Leche y queso	9.185.841,36
Aceites y grasas	1.742.655,76
Frutas	6.837.072,01
Total:	55.802.913,94

Calcula cuál sería el porcentaje de lineal que le correspondería a cada familia de productos de la sección de alimentación teniendo en cuenta el peso dentro del presupuesto familiar y considerando una longitud del lineal a ras de suelo de la sección de alimentación de 100 metros.

LA DISPOSICIÓN DE LOS PRODUCTOS EN EL LINEAL

LA DISPOSICIÓN VERTICAL

Esta disposición consiste en colocar los artículos o familias de productos de forma vertical en la estantería, ocupando más de una balda y nivel, así, por ejemplo, se puede situar el café en las tres baldas de la estantería, y el té al lado, también ocupando los mismos niveles.

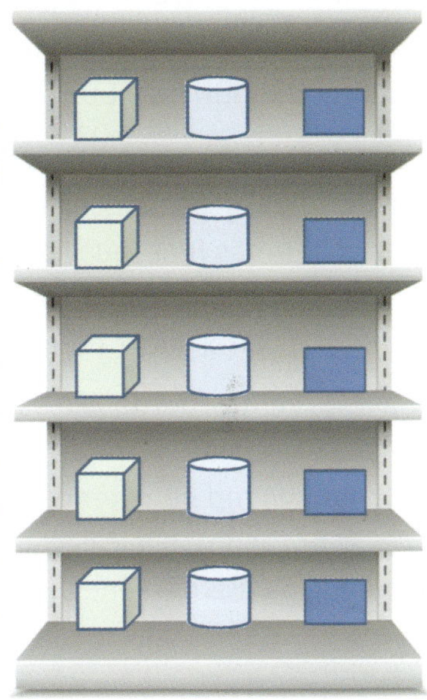

Familia de detergentes para la ropa.
Familia de suavizantes para la ropa.

Ventajas:

- **Rapidez en la visualización**, debido al sentido natural de la mirada, de izquierda a derecha, y no de arriba abajo, lo que permite que el cliente localice fácilmente aquel artículo o familia que esté buscando.
- **Compensación de rentabilidad.** Dado que según el nivel, como ya se ha estudiado, las ventas pueden aumentar o disminuir, esta disposición permite equilibrar las ventas al colocar una misma familia o artículo en todos los niveles disponibles.
- **Mayor atractivo visual**, al conjugar de forma horizontal distintos formatos, tamaños, colores, etc.

LA DISPOSICIÓN HORIZONTAL

Al contrario que el caso anterior, en esta disposición, las familias o subfamilias se disponen de forma horizontal, ocupando solo una balda.

Este tipo de distribución obliga al cliente a buscar el producto a lo largo de todo el lineal, lo que dificulta su localización. Como esto supone un mayor esfuerzo para el cliente, este, finalmente, puede desistir en su intención de compra.

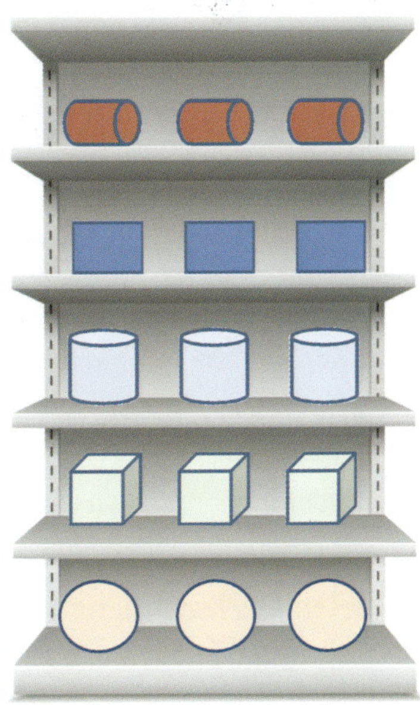

LA DISPOSICIÓN MIXTA

Presentación que combina la exposición vertical y horizontal. Las subfamilias de productos se disponen en vertical y los artículos en formato horizontal, agrupando en cada balda aquellos que tengan el mismo tamaño, formato, color, etc.

LA DISPOSICIÓN COMPLEMENTARIA

En este caso, para la presentación se tiene en cuenta la complementariedad entre productos, independientemente de la familia o subfamilia a la que pertenezcan. Para implantar este modelo, hay que conocer las necesidades y hábitos de compra del consumidor para entender cuáles son los productos que los clientes consideran complementarios. De lo contrario, podría conseguirse un efecto de confusión en el cliente, lo que perjudicaría al establecimiento y las ventas.

LA DISPOSICIÓN EN RED

Esta exposición juega con los puntos calientes y fríos del supermercado y con el propio lineal y, basándose en ellos, dispone los productos de atracción en aquellas zonas más frías, que llaman menos la atención por sí solas, mientras que coloca los productos con menor demanda en el centro del lineal, que, por tendencia natural, es en el que el cliente se detiene más tiempo.

La zona central del pasillo es la que atrae más la atención de cliente, difuminándose esta en los laterales y niveles de pies y cabeza. Al principio del pasillo, el consumidor no tiene tendencia a pararse porque espera encontrar más opciones avanzando y suele llegar al final del pasillo ya con productos en el carro de la compra, para evitar tener que retroceder.

ACTIVIDAD 4

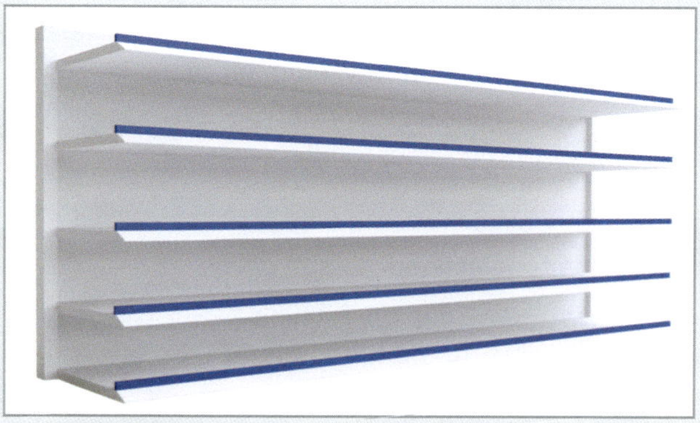

Se acerca el verano y, como responsable de *merchandising,* te han encargado la implantación de la sección de productos solares. En esta sección se encuentran bronceadores en loción, en crema, en aceite y en gel; bronceadores sin sol, productos para después del sol en leche y loción, y barras de protección.

Determina la estructura del surtido y dibuja un esquema en el lineal de implantación de las familias empleando la disposición vertical.

LA ELASTICIDAD DEL LINEAL

El estudio de la rentabilidad arroja información importante al determinar cómo aumentan o se reducen las ventas al producirse una modificación del espacio de exposición asignado a una familia o referencia determinada.

El distribuidor, en cooperación con cada fabricante, debe tratar de ajustar y optimizar el lineal disponible. Podría parecer, inicialmente, que un aumento del espacio de exposición repercutirá ineludiblemente en un incremento de las ventas, al aumentar la presencia y visibilidad de la marca. Sin embargo, puede observarse en la gráfica como la curva de ventas alcanza un determinado punto, conocido como umbral de saturación, a partir del cuál la mayor amplitud de espacio no afectará a las ventas de forma sustancial.

Gráfico de curva de ventas en función de la variación de la longitud del lineal

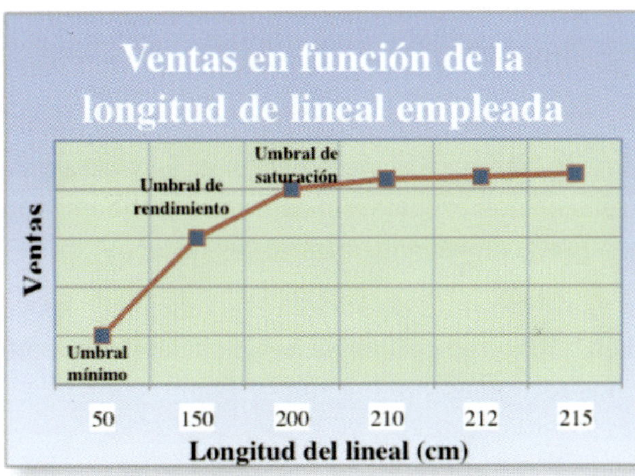

El cálculo de la elasticidad se obtiene aplicando la siguiente fórmula:

$$e = \frac{V_2 - V_1}{L_2 - L_1}$$

- e = valor de elasticidad del lineal
- V_1 = valor de las ventas obtenidas en el periodo 1
- V_2 = valor de las ventas obtenidas en el periodo 2
- L_1 = longitud del lineal ocupado en el periodo 1
- L_2 = longitud del lineal ocupado en el periodo 2

Si la **elasticidad es mayor que 1,** el valor de las ventas variarán en mayor proporción que el incremento de la longitud, con lo cual sería conveniente incrementar el lineal para el producto estudiado.

Si la **elasticidad es menor que 1,** el valor de las ventas variará en menor proporción que la longitud por lo que no sería aconsejable dar más espacio a la referencia en cuestión, ya que el incremento de sus ventas no compensará la pérdida de lineal de otros productos.

UMBRAL MÍNIMO: longitud mínima de lineal necesaria para que el consumidor perciba el producto.

UMBRAL DE RENDIMIENTO: espacio en el lineal que aporta a la referencia una rentabilidad positiva y creciente.

UMBRAL DE SATURACIÓN: longitud en el lineal en la que la referencia alcanza su máxima rentabilidad.

ACTIVIDAD 5

Un supermercado ha decidido incrementar el espacio en el lineal para una de sus referencias propias, tal como se refleja en la tabla, incrementando el número de *facings* de cartones de leche.

Determina si esa acción ha sido eficiente en función de las ventas obtenidas y cuál es la longitud óptima de exhibición del producto según los datos de ventas recogidos.

	LECHE ENTERA 1L MARCA DISTRIBUIDOR	
MES	LONGITUD	VENTAS (euros)
Enero	50	50
Febrero	150	180
Marzo	200	260
Abril	300	300
Mayo	300	300

1.4. Gestión del surtido

El punto de venta tiene que tomar importantes decisiones sobre variables que determinarán su imagen y su diferenciación con respecto a la competencia: el surtido que ofrece es una de ellas.

Hasta el momento, se ha determinado cómo optimizar el punto de venta en relación a las referencias que el establecimiento comercializa y expone en sus lineales.

Sin embargo, la delimitación del surtido correcto es una decisión difícil de concretar, ya que debe ser diferenciador con respecto a la competencia, y, a la vez, tiene que cumplir con las expectativas del público objetivo, satisfacer sus necesidades, atender las nuevas demandas del mercado y cumplir con criterios de rentabilidad.

Todo lo anterior tiene que estar permanentemente cuestionado, debido a las tendencias y cambios en los hábitos del consumidor, así como a los nuevos productos que se implantan en el mercado.

1.4.1. Concepto de surtido

El surtido es la variedad de productos que se comercializan en un establecimiento.

No todos los departamentos generan los mismos beneficios de imagen, ventas o rentabilidad económica, y son los objetivos y la estrategia empresarial del punto de venta los que deben determinará el espacio concedido a cada uno de ellos.

Según Ricardo Palomares, la composición del surtido puede desglosarse en los siguientes componentes:

- **Departamentos:** son espacios que agrupan varias secciones complementarias entre sí. Solo están disponibles en aquellos establecimientos de gran dimensión, como los grandes almacenes.
- **Secciones:** una sección es un espacio físico en el que se sitúan categorías de productos relacionadas en función de las necesidades que satisfacen.

- **Categorías**: conjunto de productos que agrupan a varias familias y que el consumidor percibe como complementarios o sustitutivos en la satisfacción de una necesidad.
- **Familias**: son un conjunto de productos con características similares que responden a una misma necesidad genérica.
- **Subfamilias**: categorización de los productos de una misma familia en función de diversos criterios genéricos, como el tipo de formato o el tamaño.
- **Referencias**: es cada uno de los artículos de los que se compone el surtido del establecimiento, e incluye la marca, tamaño, color y el resto de características concretas del artículo en cuestión.

> La determinación de la estructura del surtido es fundamental para poder agrupar y gestionar adecuadamente la oferta del establecimiento, atendiendo satisfactoriamente las demandas y pautas de consumo de nuestro público objetivo.

EJEMPLO: estructura del departamento de droguería y perfumería de un hipermercado.

<table>
<tr><th>SECCIÓN</th><th>CATEGORÍA</th><th>FAMILIA</th><th>SUBFAMILIAS</th><th>REFERENCIAS (SE INCLUYE ALGÚN EJEMPLO)</th></tr>
<tr><td rowspan="13">Droguería y Limpieza</td><td rowspan="9">Detergente ropa</td><td rowspan="3">A máquina</td><td>Polvo</td><td></td></tr>
<tr><td>Líquido</td><td></td></tr>
<tr><td>Pastillas</td><td></td></tr>
<tr><td rowspan="3">A mano</td><td>Polvo</td><td></td></tr>
<tr><td>Líquido</td><td></td></tr>
<tr><td>Pastillas</td><td></td></tr>
<tr><td rowspan="3">Prendas delicadas</td><td>Polvo</td><td></td></tr>
<tr><td>Líquido</td><td></td></tr>
<tr><td>Pastillas</td><td></td></tr>
<tr><td rowspan="2">Complemento tratamiento ropa</td><td>Productos planchado</td><td>----</td><td></td></tr>
<tr><td>Quitamanchas</td><td>-----</td><td></td></tr>
<tr><td rowspan="2">Suavizante ropa</td><td>Diluido</td><td>-----</td><td></td></tr>
<tr><td>Concentrado</td><td>-----</td><td></td></tr>
</table>

1.4.2. Amplitud y profundidad del surtido

Las tres dimensiones que delimitan el surtido de un establecimiento son la amplitud, la profundidad y la coherencia. Según la determinación de las mismas, se definirá el posicionamiento de la empresa y su diferenciación con respecto a los competidores.

La amplitud del surtido es el número de líneas que comercializa una empresa.

El número de referencias de cada línea de productos es el que indica la profundidad del mismo.

Finalmente, la coherencia del surtido indica la complementariedad y relación entre los productos comercializados por el establecimiento.

Un establecimiento puede fijar objetivos de ventas, de beneficios o de cuota de mercado a corto o largo plazo, pero la política comercial abarca dimensiones más amplias que deben ser tenidas en cuenta a la hora de delimitar la oferta comercial:

- **El posicionamiento** del establecimiento en relación a la competencia, que puede requerir incluir en el surtido familias o secciones como elemento diferenciador y de competitividad.
- **Los acuerdos** con los proveedores.
- La presencia necesaria de **determinados productos** que, aunque no rentables por sí solos, pueden favorecer el aumento del tráfico al establecimiento y actuar como gancho. Son los denominados productos atracción.
- El **consumidor** y su **comportamiento de compra**: fidelidad a las marcas, necesidades y motivaciones.
- La **política sobre marcas**: marcas líderes, marcas de bajo precio, marca del distribuidor.

SURTIDO DE PRODUCTOS: variedad de productos que comercializa un establecimiento.

AMPLITUD DE SURTIDO: número de familias que comercializa un establecimiento comercial.

LÍNEA DE PRODUCTOS: grupo de productos que oferta el fabricante o el distribuidor relacionados entre sí por determinadas características homogéneas.

PROFUNDIDAD DE LA LÍNEA: cantidad de versiones que se ofrecen de cada producto de la línea.

LONGITUD DEL SURTIDO: número total de referencias comercializadas.

CATEGORÍA DE PRODUCTOS: conjunto de productos que el consumidor percibe como relacionados o sustitutos en la satisfacción de una necesidad.

Las variables estratégicas del surtido no deberían ser modificadas, ya que afectan al posicionamiento e imagen de marca, derivando en una posible confusión por parte del público objetivo. Sin embargo, la variación del surtido a nivel táctico no es solo habitual, sino recomendable.

La introducción de **nuevos productos** en el punto de venta reportará beneficios sustanciales si su gestión es adecuada.

Las fases que se pueden establecer para obtener un surtido eficiente parten de un análisis de la situación en el que deben tenerse en cuenta cuatro factores fundamentales:

- El consumidor.
- La competencia.
- La rentabilidad.
- Los nuevos productos en el mercado.

Fases del desarrollo del surtido eficiente según AECOC

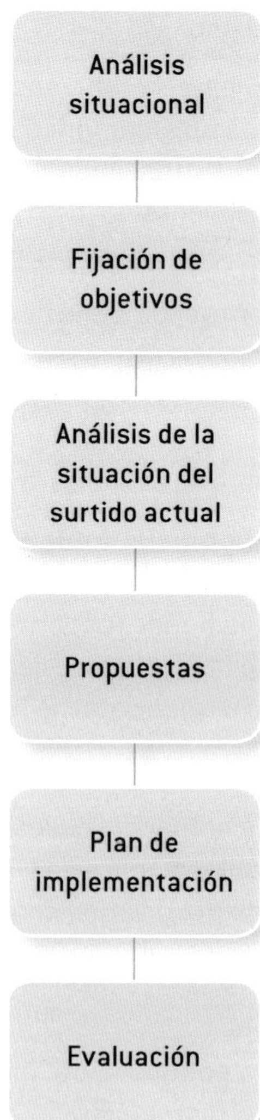

De ese análisis derivarán unas propuestas de mejora y se procederá a implementar y/o modificar el surtido.

Es una fase imprescindible en todo proceso de planificación la inclusión de un control y evaluación para analizar resultados y corregir las desviaciones producidas.

¿Qué prefiere hoy día un consumidor? ¿Un amplio surtido que satisfaga todas sus necesidades o un surtido especializado que ofrezca una gran variedad de alternativas para solucionar una necesidad concreta?

La respuesta a esas preguntas puede ser tan diferente como distintos son los consumidores que conviven en el mercado.

Adaptándose a la heterogeneidad del consumidor actual, la distribución comercial ha expandido sus fórmulas comerciales, ofreciendo al público formatos diferenciados por su forma de organización, la ambientación de la tienda, los servicios que prestan y el surtido que ofrecen.

ACTIVIDAD 6

Según la política de surtido, se pueden identificar distintos formatos comerciales. Determina las dimensiones del surtido de cada uno de los siguientes formatos: comercio especializado, tienda de conveniencia, hipermercado, supermercado, tienda de descuento, grandes almacenes.

NUEVAS TENDENCIAS EN EL MERCADO:

Los productos ecológicos ya no son terreno exclusivo de las tiendas especializadas, como herbolarios, parafarmacias o tiendas especializadas. Recientemente, las grandes superficies han ido llenando sus estantes con estas referencias que, a día de hoy, ya cuenta con sección propia en la mayoría de los supermercados españoles.

Esto se debe al incremento de la demanda por parte de un consumidor cada vez más concienciado con el medio ambiente y en busca de hábitos de vida más saludables.

Puede ser que a día de hoy estos productos no sean rentables, ya que su cuota de mercado frente a los tradicionales es escasa. Sin embargo, su presencia, además de proporcionar una imagen de actualización y concienciación con el medio ambiente y la salud de sus clientes, se hace necesaria para atender a un segmento de la población en auge y su incorporación al surtido no solo debe considerarse en función de criterios de rentabilidad.

1.4.3. Planogramas

Un planograma es una representación gráfica de la implantación de las referencias en un lineal que gestiona el espacio disponible según criterios de rentabilidad y optimización, sin olvidar la importancia de la disposición atractiva de los productos.

Beneficios de la utilización de planogramas para la gestión del espacio:

- Mejora de la gestión del stock y de la función de aprovisionamiento.
- Mayor satisfacción del cliente.
- Aumento de la rentabilidad del punto de venta.

Existe en la actualidad software informático específicamente diseñado para la elaboración de estos gráficos. Tras un análisis de los datos, estos se transforman en una representación visual que, en función del programa disponible, puede llegar a ser en 3D, mostrando de forma clara el aspecto visual de una posible implantación.

Para ello, el *merchandiser* debe encargarse de introducir los datos pertinentes sobre el surtido.

¿Qué datos son necesarios para la realización de un planograma?

- Información del lineal: características de los muebles expositores, baldas, forma...
- Información y diferenciación de cada una de las referencias de la familia/subfamilia por tamaño, forma y color.
- Espacio actual ocupado en el lineal de cada una de las familias.

El proceso de elaboración de un planograma requiere delimitar en primer lugar la política comercial de cada establecimiento comercial y las características del mobiliario y productos para obtener un resultado ajustado a los objetivos del punto de venta, así como una representación lo más fiel posible a la realidad. Además de esto, las negociaciones entre las marcas y los comercios minoristas influirán en la concesión de un mayor o menor espacio en el lineal.

Planograma situacional: representa la situación del lineal tal cual está implementado en el momento previo al análisis.

Planograma optimizado: representa la distribución del lineal optimizando el espacio en relación a las familias de productos en base a los criterios fijados.

1.5. Animación del punto de venta

Como ya se ha mencionado, el consumidor ya no considera el acto de compra como una obligación, sino como un momento de ocio que obliga a los establecimientos a ofrecer una experiencia gratificante, satisfactoria y diferenciadora para impulsar las ventas y fidelizar a la clientela.

La animación en el punto de venta puede considerarse como un conjunto de actividades encaminadas a convertir el establecimiento en un lugar atractivo para el cliente, captar su atención, incrementar las ventas y crear una imagen en la mente del consumidor que diferencie el establecimiento de otros de la competencia.

Estas herramientas, puestas en práctica por el distribuidor y el fabricante, deben aplicarse atendiendo a la tipología del propio establecimiento, de su público objetivo y de los objetivos perseguidos.

OBJETIVOS:

- Dotar de vida y atractivo al establecimiento.
- Atraer al consumidor al establecimiento e incrementar su estancia.
- Incrementar las ventas.
- Fidelizar a los consumidores.
- Diferenciar el punto de venta del de los competidores.

TIPOS:

Hay dos clases de ambientación en función de su permanencia:

- **Ambientación permanente**: aquella cuya limitación temporal no está definida, pero que sí debe renovarse cada cierto tiempo, ya que, además de que hay elementos físicos que se deterioran, los intangibles también sufren el uso prolongado reflejándose en una caída de su efectividad.
- **Ambientación intermitente**: es quella que se pone en práctica debido a un acontecimiento circunscrito a un periodo temporal concreto (época navideña, rebajas, día de la madre, etc.).

Pueden diferenciarse distintas clases de técnicas cuyo objetivo es dinamizar el establecimiento. Para ello, se emplean diversos métodos que, combinados adecuadamente en función de la estrategia comercial, los objetivos y el tipo de cliente, pueden impulsar las visitas, ventas y beneficios del punto de venta.

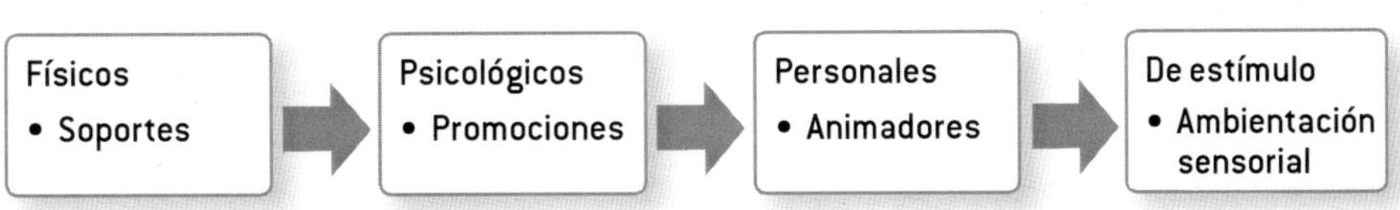

AMBIENTACIÓN SENSORIAL

La ambientación sensorial podría definirse como el conjunto de técnicas que pretenden provocar reacciones favorables en el consumidor, influyendo en la percepción del ambiente y del servicio, a través de técnicas de iluminación, empleo de determinados colores y olores, música ambiental, degustaciones y demostraciones en las que el consumidor incluso puede ser protagonista de su propio proceso de compra. Dada la poca diferenciación entre marcas, el punto de venta y su adecuada combinación de elementos pueden influir poderosamente en la propensión a adquirir la oferta del establecimiento.

Ambientación sonora: influye en la duración de la estancia media en un establecimiento y su elección vendrá determinada por la imagen y sensaciones que se pretendan transmitir hacia los clientes. Con una música relajante que invita a pasear tranquilamente y a disfrutar, o con una música con ritmo rápido, que de forma inconsciente haga caminar y realizar las compras al ritmo que marca el hilo musical, podemos jugar con este elemento sensorial que puede hacer mucho más agradable la experiencia de compra.

Ambientación olfativa: el olfato es uno de los sentidos más poderosos del ser humano. Los olores son evocadores y pueden ser asociados con sensaciones positivas o negativas. Si se emplean correctamente, los aromas en cada categoría de establecimiento pueden mejorar ampliamente la experiencia de compra. Un olor a ropa limpia en una zona de venta de lavadoras y secadoras influirá positivamente en la percepción del producto en sí y en la satisfacción del cliente en el establecimiento.

Ambientación cromática: la gama cromática de un establecimiento influye en la percepción e imagen de éste por parte de los visitantes y puede ayudar a delimitar espacios. Los colores claros producen sensación de amplitud, el verde está asociado con la naturaleza y la ecología, y será el color que predomine en la sección

EL OBSERVATORIO:

Según un estudio de Kissmetrics (Kissmetric, 2010), a la hora de realizar una compra, los consumidores se sienten más atraídos por la apariencia visual en un 93 %, frente a un 6 % que se fija en la textura y un 1 % en el olor de los productos.

El estudio también determina la gama cromática más adecuada según la tipología de consumidor y de establecimiento:

- Negro, azul, naranja y rojo para los compradores por impulso en negocios de comidas rápidas, tiendas de descuento y momentos de rebajas.
- El azul marino y el verde para el comprador que compara y elije por precio, y es efectivo en bancos y grandes almacenes
- El rosa y el azul cielo para un comprador tradicional en tiendas de ropa.

de frutas y verduras. El azul da sensación de frío y de frescura, con lo que es un aliado para el área de productos frescos y de higiene. El negro transmite elegancia y simpleza, el marrón calidez, el blanco simplicidad y amplitud. Los colores fuertes como el amarillo o el naranja atraen la atención y dan sensación de vitalidad y juventud.

Decoración: la estética del establecimiento a través de la elección de determinados materiales para los estantes, las zonas de exposición, los suelos, las paredes, etc., ayudan a reforzar la imagen de marca y a diferenciarse de la competencia. La imagen del producto y del establecimiento es fundamental para influir positivamente en el consumidor y ayudar a dividir el establecimiento en secciones, si pretendemos que cada una de ellas transmita unas sensaciones diferentes.

Este establecimiento dispone sus productos siguiendo una línea cromática en tonos negro y blanco que se integran para dar más armonía al establecimiento y facilitar a los clientes encontrar y combinar los artículos.

Ambientación lumínica: la iluminación es un factor fundamental en la concepción de la arquitectura del punto de venta. El recurso lumínico actúa como factor para llamar la atención, crear y diferenciar atmósferas y jugar con las sensaciones del consumidor. Por ejemplo, la zona de productos frescos tiene iluminación con fluorescentes para crear sensación de frescura. La direccionalidad, la intensidad, el color y la combinación de elementos lumínicos deben emplearse para posicionar el establecimiento y guiar al consumidor por la tienda, favoreciendo el aumento de la rentabilidad económica del espacio, destacando los espacios con luz intensa, y creando ambientes agradables que generen una experiencia de compra igualmente satisfactoria.

Como se observa en el gráfico, se aconseja reducir los niveles lumínicos a medida que la autonomía del cliente es menor, puesto que le guiará el personal en tienda.

NIVELES DE ILUMINACIÓN RECOMENDADOS

ZONA DE CIRCULACIÓN

Baja	300-1.000
Media	200-700
Alta	100-200

ZONA DE VENTAS/EXPOSICIÓN

Baja	500-1.000
Media	250-500
Alta	100-250

EXPOSITORES DE PRESENTACIÓN

Baja	700-5.000
Media	500-3.000
Alta	200-1.500
Material sensible	50-500

NIVEL DE ATENCIÓN AL CONSUMIDOR EN EL ESTABLECIMIENTO:

Bajo: en supermercados y tiendas de descuento, donde la autonomía del cliente es alta, y una iluminación intensa permite al cliente encontrar lo que busca.

Medio: en tiendas familiares donde el consumidor recibe cierta ayuda del personal del establecimiento, que le guía.

Alto: en tiendas especializadas (boutiques, joyerías...) que ofrecen un servicio personalizado.

EL FLECHAZO DE IKEA:

En el mapa mental de todo aquel que se plantea amueblar o decorar su hogar, Ikea es ya un imprescindible. Una vez que el comprador se ha acercado al establecimiento más cercano y cruza la puerta de entrada, comienza un recorrido digno de un corredor de fondo, y es un circuito en la que no se pueden tomar atajos. En la línea de salida de este enorme establecimiento, unas flechas en el suelo van indicando un recorrido cuidadosamente estudiado por los responsables de marketing, que guía al consumidor por cada uno de los rincones de la tienda. Es imposible ir directo al objetivo inicial de compra sin una previa visualización de toda la oferta que la tienda despliega, con ofertas a lo largo y ancho del recorrido y espacios decorados para ofrecer soluciones funcionales y crear una verdadera experiencia de compra. No es hasta el final del recorrido cuando el cliente puede recoger los productos que desea comprar, comprobando en este punto que probablemente se ha llenado el carro con los productos que no estaban previstos inicialmente.

Las flechas terminan en la línea de caja, el último e inevitable paso hacia la salida, después de realizar un largo e inevitable recorrido por una de las tiendas de origen noruego más emblemáticas.

1.5.1. Publicidad en el Punto de Venta

La Publicidad en el Punto de Venta (PLV) engloba todo aquel elemento que despliegue un mensaje publicitario o promocional. Como toda forma publicitaria, tiene como misión informar, persuadir y recordar con mensajes que generan una comunicación con el cliente en el propio establecimiento.

Junto con las promociones y el resto de elementos de ambientación, la PLV dota al punto de venta de una personalidad y un atractivo propios y favorece el incremento de las ventas de forma más directa que otras formas publicitarias.

¿Cuál es la finalidad de la PLV?

- Anunciar el lanzamiento de nuevos productos.
- Crear o mejorar la imagen de la marca o el establecimiento.
- Informar sobre promociones de ventas.
- Incrementar las ventas de la marca y/o del establecimiento.

- Informar sobre modificaciones o nuevos usos del producto.
- Apoyar una campaña de comunicación multiplataforma.
- Crear ambiente y favorecer las compras en campañas estacionales.

"El espacio de venta comunica"

Este tipo de publicidad:

- Facilita la visualización de ciertos productos que están en puntos fríos, o que no atraen la atención por sí solos.
- Favorece las compras por impulso.
- Crea una imagen positiva del producto o la marca.
- Contribuye a reforzar la campaña lanzada en otros medios de comunicación.

Como ya se ha comentado anteriormente, el 70 % de las decisiones de compra se llevan a cabo en el lugar de venta, por lo tanto, es de vital importancia para las marcas y para el distribuidor conformar una estrategia eficaz de comunicación conjunta en el establecimiento.

Los soportes empleados para la comunicación publicitaria en el punto de venta son variados, y pueden emplearse tanto en el interior como en el exterior de la tienda, así como formar parte del diseño del escaparate.

Según el estudio Infoadex de la Inversión Publicitaria publicado en 2016, los medios *no convencionales* (la animación en el punto de venta y la publicidad en el lugar de venta forman parte de estos medios) supera la inversión realizada en los *convencionales* (televisión, radio, prensa...).

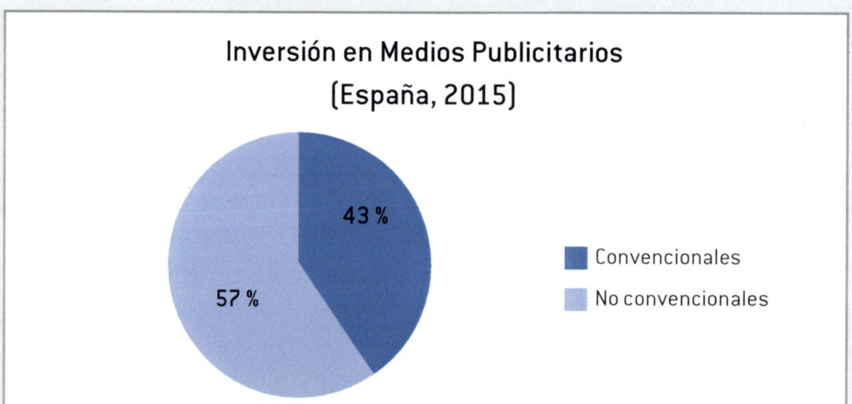

EL MOBILIARIO

- **Displays**: son soportes independientes de plástico, tela, metal... que pueden contener uno o varios artículos, o exhibir simplemente imágenes y/o texto.
- **Expositores**: muebles en los que se colocan productos de una misma marca y la publicidad asociada a estos.
- **Contenedor-presentador**: expositores generalmente metálicos donde se colocan artículos amontonados, con el fin de identificar una promoción en sí misma. Pueden ser permanentes o temporales.
- **Embalaje presentador**: el propio embalaje del producto se despliega y permite contener el producto a la vez que muestra publicidad de este.
- **Self extender**: elementos que hacen sobresalir un producto colocado en un lineal.
- **Rack**: marco metálico que abarca una parte concreta del lineal y que está destinado a contener el precio del producto.
- **Chek out stand**: mueble expositor situado en la caja de salida donde se colocan productos de pequeño tamaño catalogados como de compra por impulso.

Lineal con productos en embalaje presentador y dos *stopper* rectangulares.

LA CARTELERÍA

La cartelería es el elemento primario de la publicidad en el punto de venta, y constituye el más importante en cuanto a su uso y efectividad dentro de las acciones de ambientación del punto de venta. Los carteles se pueden utilizar tanto en el interior como el exterior del establecimiento. Dada su efectividad, las empresas dedican una amplia inversión a este medio. Los carteles, en sus diferentes tipologías, atraen la atención del consumidor y les guía en su visita por el establecimiento.

Siguiendo a Henrik Salén, según la finalidad de su exposición, los carteles pueden ser:

- **Carteles ambientadores**: se integran dentro del espacio de venta para animarlo, generalmente informando sobre el propio establecimiento, sin referencia a marcas o productos concretos.

- **Carteles indicadores**: suelen situarse en los establecimientos para indicar la situación de las secciones, familias, etc., y de esa forma orientar la circulación dentro del establecimiento.
- **Carteles de precios**: pueden ser a su vez ambientadores e indicadores del precio del producto.

CARTELES DE PRECIOS	
Cartel informativo	LECHE DESNATADA "MARCA X" 1,25 EUR
Cartel abaratador	LECHE DESNATADA "MARCA X" SOLO 1,25 EUR
Cartel de urgencia	LECHE DESNATADA "MARCA X" AHORA SOLO 1,25 EUR
Cartel de ahorro	LECHE DESNATADA "MARCA X" ~~1,30 EUR~~ 1,25 EUR

Según la forma de la cartelería, pueden distinguirse los siguientes tipos:

- **Mástiles**: son carteles con base en el suelo del establecimiento.
- **Colgantes**: al contrario que el anterior, se suspenden del techo del punto de venta.
- ***Stopper:*** cartel que se sitúa en perpendicular a la estantería, "obligando" al visitante a detenerse en ese punto. Suelen usar palabras de impacto para llamar la atención.
- **Poster**: cartel que se fija en la pared.
- **Adhesivos**: elementos que se sitúan generalmente en las estanterías para indicar precios, marcas, ofertas...
- ***Roll-up:*** cartel enrollable que generalmente no es permanente en el espacio de venta.
- ***Pop-up:*** imagen gráfica de grandes dimensiones a una sola cara sujeta por tubos metálicos.

- **Carteles luminosos:** generalmente situados en las fachadas de los establecimientos para señalizar y atraer al consumidor hacia el punto de venta.

En este establecimiento se han situado carteles en el techo y *roll-up* para anunciar descuentos.

Diseño de la cartelería

Un cartel es un soporte generalmente de madera, plástico o cartón que contiene un mensaje publicitario formado por una combinación de letras, formas y colores que deben integrarse para conseguir el mayor impacto posible en la audiencia objetivo.

El diseño debe ser adaptado a los objetivos y al estilo de la empresa y, a la vez, fundamentarse en determinados criterios que permitan la comunicación de forma efectiva.

Rotulación: el mensaje debe ser claro, conciso y de fácil lectura en la distancia.

La geometría: el formato rectangular es el más empleado. La forma circular, sin embargo,

GRADO DE CONTRASTE (DE MAYOR A MENOR GRADO)
Negro sobre blanco
Negro sobre amarillo
Rojo sobre blanco
Verde sobre blanco
Blanco sobre rojo
Amarillo sobre negro
Blanco sobre verde
Blanco sobre rojo
Rojo sobre amarillo
Verde sobre rojo

es más efectiva, ya que destaca en un espacio generalmente formado por elementos con ángulos rectos.

El tamaño: dependerá de los objetivos de la acción publicitaria. La dimensión de referencia es de 1 m^2, siguiendo la norma ISO 216.

La tipografía: es aconsejable emplear letras con trazos regulares, como ocurre con la letra Arial o Helvética, porque facilitan la visibilidad en la distancia.

El color: la gama cromática dependerá del estilo del establecimiento y del objetivo comunicativo. Los colores más llamativos y visibles son el amarillo y el rojo, empleados para anunciar ofertas o promociones, y la combinación con mejor visibilidad es la de letra negra sobre fondo blanco, de ahí que sea la empleada para los precios de los productos situados en el rack de los estantes.

Colocación de la cartelería

Nivel del techo: a este nivel se sitúan los carteles indicadores de las secciones, los carteles de precios en las cabeceras de góndolas y los carteles ambientadores.

Nivel intermedio: justo por encima de las góndolas se sitúan los carteles indicadores de las familias y subfamilias, así como de promociones y ofertas.

Nivel del producto: situados en el lugar donde se sitúa el producto, son generalmente carteles de precios, tanto informativos como de ofertas.

Recomendación: renovar los carteles cada 15 días

La cartelería digital

Hoy día se está migrando del *broadcast* (publicidad masiva) al *narrowcast,* una nueva forma de comunicación que segmenta su audiencia para difundir de forma selectiva sus mensajes. El *digital signage* se está implantando progresivamente en los formatos de venta detallista, sustentado por la poderosa atracción que supone para los clientes el despliegue de las nuevas tecnologías en el punto de venta. La audiencia a la que apunta la llamada *cartelería digital* es un público muy segmentado, al que se consigue impactar de forma selectiva y directa, consiguiendo un mayor retorno de la inversión. Se utilizan televisores, ordenadores o tabletas como soporte físico que da cobertura a esta nueva forma de comunicación hacia y con el cliente. Las ventajas frente a la tradicional publicidad en el punto de venta son reseñables:

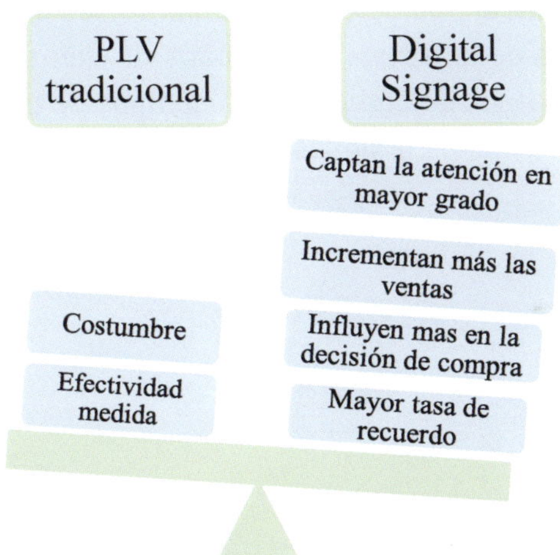

Dinámica: frente a los medios tradicionales estáticos, este tipo de publicidad puede transmitir información en tiempo real y actualizar de forma ágil los contenidos.

Ahorro de espacio y tiempo: diseñar, imprimir, transportar, colocar y retirar es el ciclo habitual de la cartelería tradicional. Con el *digital signage,* un único contenido puede ser utilizado en varios establecimientos al mismo tiempo. No solo el ahorro de costes es apreciable. En un solo día, una pequeña pantalla puede desplegar mayor cantidad de información que una góndola inmensa.

Segmentación y diferenciación: en el punto de venta, el público está más predispuesto a atender a ciertos estímulos publicitarios, las pantallas digitales atraen la atención y, además, el mensaje se adapta para que los contenidos se ajusten a la audiencia objetivo, en el lugar y momento más idóneo.

Multimedia: las fuentes de información pueden ser ilimitadas, ofreciendo una experiencia completa multiplataforma: audio, televisión, texto, Internet...

Interactiva: así son algunas de las herramientas disponibles en ciertos establecimientos, donde el visitante se involucra en la experiencia de compra. Pantallas táctiles, sensores de movimiento. Toda la tecnología está al alcance y disposición de un consumidor cada vez más exigente.

Modernidad: es la imagen que transmite un establecimiento que emplea estos elementos para ofrecer una mejor experiencia de compra, innovadora y diferenciada de otros establecimientos.

Proximidad: la publicidad se acerca al lugar donde el cliente compra, y este, por tanto, está más predispuesto en ese momento a prestar atención a los estímulos y mensajes.

Entretenimiento: según el tipo de establecimiento, las pantallas pueden actuar como mera forma de entretenimiento para los clientes, en combinación con publicidad corporativa, lanzada en esos tiempos de espera que a su vez, el cliente percibe como menos tediosos.

OTROS ELEMENTOS:

- ✓ Megafonía.
- ✓ Folletos.

ACTIVIDAD 7

Diseña carteles ambientadores, indicadores y de precio y sitúalos en la imagen en diferentes lugares y soporte, justificando su forma, diseño y colocación.

PLV

- **Mobiliario**
  - Portafolletos
  - Displays
  - Expositores
  - Embalaje presentador
  - Contenedor
  - Presentador
  - Self extender
  - Rack
  - Check out stand
- **Carteles**
  - Carteles mástiles
  - Carteles colgantes
  - Stopper
  - Poster
  - Adhesivos
  - Roll up
  - Pop up
  - Banner
  - Luminosos
- **Otros elementos**
  - Digital Signage
  - Folletos
  - Megafonía

1.5.2. El escaparate

El escaparate es un espacio tridimensional situado en la fachada del establecimiento destinado a exhibir una muestra del surtido que este oferta en su interior, con la intención de transmitir un estilo e imagen que motiven al transeúnte a realizar una visita a la tienda. Junto con todos los elementos situados en el exterior del establecimiento (rótulos, publicidad exterior...), conforma una carta de presentación y de su adecuada disposición de elementos, que a día de hoy se ha convertido en todo un arte, dependerá que despierte interés entre los transeúntes.

OBJETIVOS DEL ESCAPARATE

- Atraer la atención.
- Causar impacto visual.
- Inducir al cliente a entrar al establecimiento.
- Incrementar las ventas.
- Informar a los potenciales clientes.
- Animar el punto de venta.
- Transmitir la imagen corporativa del punto de venta.
- Anunciar productos y servicios.
- Informar de promociones, ofertas, eventos...

Como parte fundamental del punto de venta, el *merchandising* ha desarrollado una disciplina específica, el escaparatismo, capaz de crear composiciones que emocionan y sorprenden a unos consumidores saturados entre tanta oferta comercial. En algunas ocasiones, da lugar a verdaderas obras artísticas.

El escaparate, como otro elemento de la animación del punto de venta, debe transmitir un mensaje a través de los carteles de precios, promociones y animación, y otro menos tangible, a través de la creación de una atmósfera que represente certeramente la imagen del establecimiento o los atributos del producto.

El tamaño depende de cuestiones arquitectónicas, pero hasta un pequeño escaparate bien armado puede ser más efectivo que uno de mayor tamaño que no tenga en cuenta ciertos criterios que facilitan su efectividad como elemento de animación del punto de venta.

Imagen corporativa, de marca o de producto. En función del objetivo del distribuidor, se diseñará un escaparate diferente.

TIPOS DE ESCAPARATE

Escaparate de temporada: son los que muestran las tendencias del momento. Los inicios de temporada suelen coincidir con los cambios de estación y se utilizan especialmente en moda.

Escaparate promocional: en este tipo de escaparate se utiliza cartelería o expositores del producto que destaquen alguna acción promocional que lleva a cabo el establecimiento.

Escaparate publicitario o informativo: se emplean fundamentalmente en establecimientos que comercializan servicios que, al ser bienes intangibles, no pueden mostrase en un escaparate como tal, sino que deben recurrir a elementos que evoquen el servicio ofrecido con fotos, folletos, información...

Escaparate de prestigio: son escaparates que buscan posicionar la marca. Se utiliza en tiendas como joyerías o productos de lujo, en los que el precio no es el factor más importante.

Escaparates ocasionales: adaptados a fechas especiales, tales como Navidad, Semana Santa, San Valentín, Día del Padre y de la Madre, etc., se combinan elementos de ambientación **acorde al evento del momento** con el objetivo de crear una atmósfera atrayente para las ventas.

Escaparate promocional.

Tipos de escaparate en función del diseño

Abierto: no tiene un fondo detrás, lo que permite apreciar el interior del establecimiento. Es un escaparate ampliamente utilizado por el pequeño comercio minorista, dado la escasez de espacio de la que disponen, pero tiene la desventaja de distraer la atención hacia el interior, ya que la luz, los contrastes de colores y las formas se difuminan.

Semiabierto: en esta composición, una parte del escaparate tiene un fondo, normalmente móvil, que deja una visualización del interior de la tienda.

Cerrado: dispone de un fondo que convierte el espacio en un lugar independiente, desde el que no es posible visualizar el interior de la tienda, lo que permite un mayor impacto visual del propio escaparate y una mayor efectividad de su ambientación.

Escaparate abierto desde el que se puede ver el interior de la tienda.

ZONAS DEL ESCAPARATE

Dentro del conjunto del establecimiento, el escaparate es, sin duda, un punto caliente natural. Sin embargo, algunos estudios demuestran que el impacto del escaparate en aquel que lo observa no es homogéneo. Al igual que el propio establecimiento, el escaparate puede ser categorizado en función de las zonas de mayor impacto visual, es decir, aquellas a las que la mirada se dirige instintivamente, frente a las zonas que no atraen de forma inmediata la atención del potencial cliente.

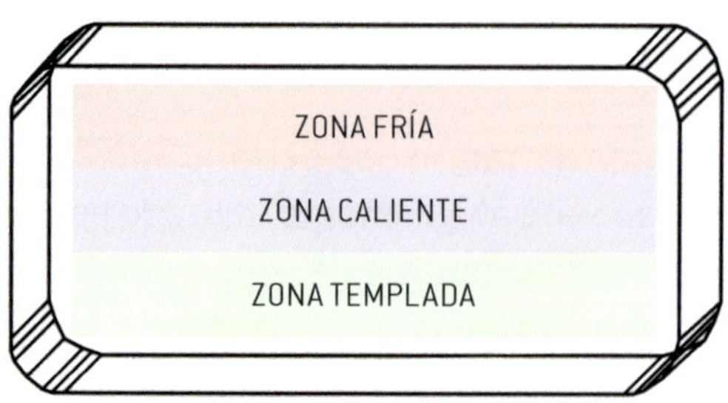

Reflejando la teoría de zonas elaborada por Eduardo Mas Sánchez, la zona central del escaparate es la de mayor impacto visual. La mirada se dirige en esta zona de izquierda a derecha, y posteriormente baja. Finalmente, se visualiza la parte superior.

Basándonos en esto, se deberían situar en el centro aquellos productos que se quieran destacar; y en las zonas de menor impacto, espacios como el nivel superior, la cartelería y elementos informativos.

Otro de los puntos importantes es la unidad de la exposición de los productos. Todos los elementos (productos, soportes, carteles...) deben estar agrupados para que el escaparate pueda verse sin tener que realizar un largo recorrido visual.

ANIMACIÓN DEL ESCAPARATE

El escaparate, como ya hemos mencionado, tiene como misión transmitir la imagen del establecimiento y llamar la atención de clientes potenciales. El gestor del establecimiento comercial comunicará al responsable de escaparatismo el posicionamiento y los objetivos del punto de venta para que este pueda realizar un diseño e implantación que alcance una rentabilidad óptima en función del público objetivo y los fines marcados.

Las técnicas de escaparatismo juegan con diversos elementos de animación, empleando la ambientación lumínica y visual para dotar al mobiliario y los productos allí expuestos de un atractivo que incite a detenerse a su paso.

La composición del escaparate consta de los siguientes elementos fundamentales:

- Iluminación.
- Color.
- Composición.

Iluminación

Al igual que en el interior del punto de venta, es vital para atraer la atención del espectador hacia aquellos elementos que más interesa destacar. Un foco de luz sobre un maniquí llamará poderosamente la atención en relación con el resto del escaparate, aunque la zona donde esté situado no se encuentre en el recorrido natural de la mirada.

Color

La elección de los colores debe partir de la imagen propia del establecimiento. Los elementos deben combinarse con colores que atraigan la atención del consumidor tanto hacia el escaparate en sí como hacia los productos e información expuesta.

Generalmente, se considera que una gama cromática en la que se emplee un único color transmitirá una imagen de elegancia y mayor seriedad, frente a la utilización de colores combinados que es más sugerente. Usar más de tres colores da la sensación de descuido, confusión y falta de elegancia, reduciendo la efectividad del escaparate.

Composición

Simétrica: en este tipo de composición los elementos se disponen de forma equivalente a ambos lados del eje marcado. Este eje puede ser vertical u horizontal.

La sobriedad que aporta este tipo de composición la hace ideal para establecimientos tales como joyerías y boutiques, cuyo público objetivo transmite tanta seriedad como el propio escaparate.

Asimétrica: la disposición de los elementos no es igual en cada área de los ejes marcados horizontal y verticalmente.

Esta composición transmite mayor dinamismo y desenfado, con lo que podría ser adecuada para marcas de moda joven o de precios económicos.

Recomendación: renovar el escaparate cada 15 días

RATIOS DE CONTROL DE LA EFICACIA DEL ESCAPARATE

Índice de atracción: mide el interés que produce el escaparate entre los transeúntes que circulan por delante de este. Se considera un éxito a partir de 33 %.

Índice de motivación: mide la capacidad del escaparate de atraer y seducir al transeúnte a visitar la tienda tras detenerse a observar el escaparate exterior.

Índice de compra: establece la relación entre las compras realizadas y la atracción del escaparate.

El cálculo de estos índices puede establecer qué diseños resultan más atractivos para los transeúntes. El valor de este estudio será mayor si se realiza una comparativa de datos en relación a diferentes composiciones de escaparatismo.

2. Marketing promocional

Contenido

2.1. Concepto y fines de la promoción.

2.2. Formas de promoción dirigidas al consumidor.

2.3. Formas de promoción dirigidas a distribuidores, intermediarios y establecimiento.

2.4. Promociones especiales.

2.5. Tipos de acciones de marketing y promoción según el punto de venta.

2.6. Acciones de marketing directo.

2.7. Acciones de promoción *online*.

2.1. Concepto y fines de la promoción

> **Promoción de ventas:** incentivos a corto plazo que fomentan la compra de un producto o servicio por parte del consumidor (Kotler).

Según la Consultora AC Nielsen, en el año 2015 un 21,3 % del total de las ventas se realizaron en promoción, lo que refleja su importancia como elemento de atracción y de ventas dentro de la distribución comercial. Al contrario que las acciones publicitarias, encaminadas a modificar valores y actitudes hacia la marca, las actuaciones promocionales persiguen generar una respuesta inmediata y directa por parte del consumidor que conlleve un incremento de las ventas y el beneficio empresarial.

2.1.1. Instrumentos de la promoción

Para dinamizar las ventas, el fabricante o el establecimiento pueden desplegar una serie de instrumentos que, seleccionados y combinados adecuadamente, ofrecerán una respuesta positiva por parte del consumidor.

Los instrumentos de promoción actúan para ofrecer un valor diferencial en la compra durante el periodo promocional, principalmente incidiendo sobre la variable precio y, en otras ocasiones, ofreciendo incentivos en especie. En general, no solo se emplea un único instrumento, sino que se combinan varios para optimizar los resultados perseguidos.

2.1.2. Objetivos de las acciones promocionales

Los objetivos de la promoción de ventas del fabricante hacia el consumidor son:

- Incrementar el tráfico del establecimiento.
- Incidir en la frecuencia y cantidad comprada.
- Aumentar la fidelidad al establecimiento.
- Incrementar las ventas.
- Evitar estacionalidades, realizando promociones en periodos en los que las ventas son menores.
- Actuar como gancho para favorecer las ventas de otros productos con mayor margen de beneficio.
- Atraer nuevos compradores.
- Incitar a la prueba del producto.

Además de las promociones dirigidas específicamente al consumidor, los distribuidores y la fuerza de ventas también son incentivados por el fabricante, ya que, a diferencia de este, los primeros entran en contacto directo con los compradores, incrementado las posibilidades de motivarles a la compra de forma personal y directa.

Los objetivos de la promoción de ventas del fabricante hacia el distribuidor son:

- Aumentar la superficie ocupada de la marca en el lineal.
- Mejorar la exhibición de la marca en el punto de venta.
- Incrementar la rotación del stock del producto o marca.
- Animar a la prueba del producto para que el distribuidor o la fuerza de ventas puedan prescribirlo con conocimiento.

En función de los objetivos del punto de venta en relación a la acción promocional, se pueden seleccionar uno u otros instrumentos, tal como se observa en la siguiente tabla.

Si el objetivo del fabricante es el de dar a conocer un producto nuevo que ha lanzado al mercado, una buena opción es ofrecer muestras de su producto.

Si el objetivo del punto de venta es incrementar la facturación y rotación del surtido, la realización de descuentos sobre el precio de compra se torna una opción oportuna porque incitará a la clientela a comprar más productos y en mayor cantidad.

INSTRUMENTOS PROMOCIONALES	OBJETIVOS DEL FABRICANTE	OBJETIVOS DEL DISTRIBUIDOR
Muestras	Reclutamiento. Penetración. Prueba.	Incremento en facturación.
Cupones o vales descuento	Fidelización. Reclutamiento.	Incremento de ventas/margen. Diferenciación.
Rebajas o descuentos	Incremento de las ventas.	Aumento facturación. Salida de stock.
Regalos	Diferenciación. Reclutamiento. Fidelización.	Incremento ventas y/o margen. Diferenciación.
Paquetes de precios	Incremento de ventas. Incremento de volumen por acto de compra. Fidelidad.	Aumento de la rotación. Mantenimiento del margen bruto.
Premios a la fidelidad	Segmentación.	Segmentación y fidelización.
Concursos, sorteos y juegos	Notoriedad. Diferenciación.	Animación del punto de venta. Diferenciación.

2.1.3. Tipos de promociones

La variedad de instrumentos de promoción al alcance obliga a desarrollar una estrategia que defina y concrete cuáles son los tipos de promoción que se van a emplear y sobre qué agentes se va a incidir. Se puede realizar presión sobre la fuerza de ventas, sobre los distribuidores o sobre los consumidores, con el objetivo final, en cada una de ellas, de aumentar el beneficio empresarial.

Según la comunicación en el canal de distribución, pueden diferenciarse dos tipos de estrategias:

ESTRATEGIA *PUSH* (PRESIÓN)

En esta estrategia el fabricante centra sus esfuerzos en los distribuidores, incentivándolos para que se involucren en las ventas, puesto que son ellos el punto de contacto directo con el consumidor en el momento de realizar la compra.

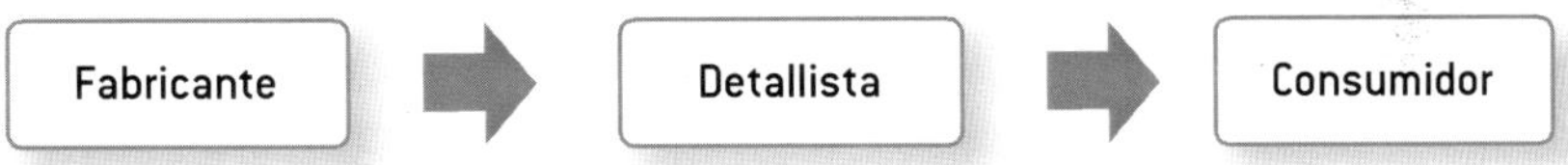

ESTRATEGIA *PULL* (TIRAR)

El fabricante realiza su campaña de comunicación dirigida a los consumidores finales, esperando que sean estos quiénes demanden a los puntos de venta los productos o marcas.

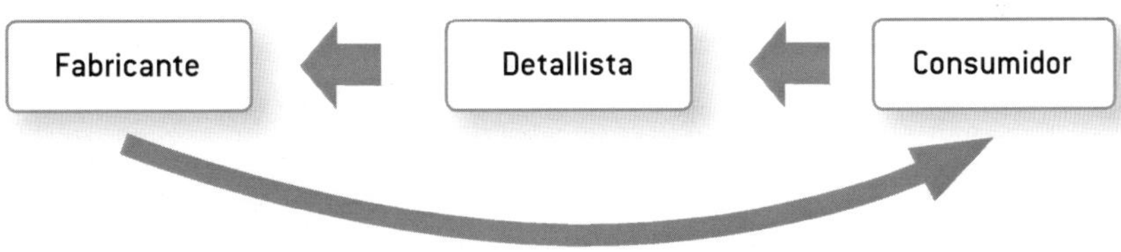

2.2. Formas de promoción dirigidas al consumidor

Las promociones dirigidas al consumidor parten del fabricante o del establecimiento, optimizándose su ejecución si el plan promocional se diseña y aplica conjuntamente entre ambos.

Los instrumentos promocionales más habituales son:

Muestras: es un tipo de promoción en el que se ofrece una pequeña cantidad del producto de forma gratuita para que el consumidor compruebe las características y cualidades de este. Es una estrategia eficaz para nuevos lanzamientos en el mercado, no así para productos ya consolidados en el mercado.

Con las muestras se consigue reducir la incertidumbre ante la compra e impulsar las ventas.

Las muestras pueden ofrecerse en el establecimiento a través de la fuerza de ventas o directamente junto con la adquisición de un producto. En la actualidad, otro canal para obtener muestras es el electrónico. Internet proporciona una oportunidad para alcanzar e impactar al cliente y facilita la interacción con la empresa, que pone a disposición de este ofertas y promociones previa suscripción.

Cupones o vales descuento: documento canjeable que se entrega al comprar un determinado producto o superar una cantidad en el ticket de compra, consistente en un ahorro monetario o de otra especie.

Rebajas o descuentos: se trata de una reducción directa del precio de venta, a iniciativa del fabricante o del distribuidor, aplicada a una determinada marca o para parte o todo el surtido del establecimiento.

Para incrementar las unidades vendidas, las promociones pueden aplicarse a la adquisición de más de una unidad de producto, rebajando el precio de la 2ª unidad comprada del mismo producto.

Regalos: son pequeños obsequios que se entregan junto con la compra del producto. Por ejemplo, regalar una taza con la caja de cereales.

Paquete de precios: se trata de aumentar la cantidad de producto habitual, de forma que se obtiene más producto por igual cantidad de dinero, resultando en un ahorro para el consumidor.

Groupon es una plataforma web cuyo modelo de negocio se basa en una *ecommerce* que ofrece promociones *online* de una gran variedad de empresas que, además de para generar ventas inmediatas, emplean groupon para captar y fidelizar nuevos clientes.

También se puede realizar una venta cruzada, ofreciendo la venta de dos productos por el precio habitual de uno, o rebajar el precio de la segunda o posteriores unidades compradas.

Demostraciones y degustaciones: en las degustaciones se ofrece una muestra de un producto de alimentación o bebidas en el establecimiento, normalmente a través de la fuerza de ventas, que motiva a los consumidores a probar el producto. Para otro tipo de producto, cuyo valor radique en su funcionamiento, las demostraciones son efectivas para enseñar su uso.

Regalos publicitarios: artículos que se entregan al cliente con el logo de la empresa o producto. Suelen ser artículos de pequeño tamaño y coste, tales como mecheros, bolígrafos, bolsas. Con este tipo de producto se realiza una publicidad indirecta, aumentando la notoriedad de marca.

¿Qué es la promoción cruzada?

En una promoción cruzada, los productos que participan son productos complementarios entre sí, de forma que se ofrece una promoción u oferta en uno de ellos al adquirir el otro.

Este tipo de promociones se emplea cuando hay un producto que genera mayores ventas o beneficios. Sirve de palanca para incrementar las ventas de otro producto complementario, invitando a su compra promocional.

Reembolsos o devolución de efectivo: esta herramienta se emplea poco por las implicaciones que supone para el cliente, ya que no obtiene el descuento en el propio punto de venta. Por el contrario, debe encargarse de enviar un justificante de compra del producto para poder recibir una determinada devolución del precio de este.

Tarjetas de fidelidad

Empleadas como parte de la estrategia de CRM, las tarjetas de fidelidad de los distribuidores premian la fidelidad de los clientes, ofreciendo promociones personalizadas a partir de un cuidadoso estudio de los hábitos de compra de cada comprador. Las promociones llegan al consumidor de forma directa, y en ocasiones exclusiva, ligadas al uso de esta tarjeta, que proporciona al establecimiento una valiosa información sobre el comportamiento y hábitos de la clientela y al cliente una oferta personalizada que incrementa su satisfacción de compra.

Concursos, sorteos y juegos: mediante el mecanismo de concurso, sorteo o juego, se ofrece al cliente la posibilidad de participar en un proceso con el objeto de obtener un beneficio extra tras la compra del producto o servicio. Es habitual, además, que para este tipo de promociones, el consumidor deba proporcionar información personal o comercial, convirtiéndose así esta acción en un medio de ampliar la base de datos de clientes.

Premios a la fidelidad: puntos o cupones canjeables por descuentos o premios que recompensan la fidelidad del cliente con respecto a la empresa o la marca. Por ejemplo, una cafetería podría ofrecer un desayuno gratis por cada 10 desayunos que se realicen en el establecimiento, no solo premiando la fidelidad, sino incrementándola.

2.3. Formas de promoción dirigidas a distribuidores, intermediarios y establecimiento

En esta ocasión, la estrategia promocional parte del fabricante y se dirige, no al consumidor final, sino a aquellos agentes del canal de distribución que entran en contacto directo con los compradores, esto es, el distribuidor minorista y la fuerza de ventas, potenciales prescriptores de la marca.

PROMOCIONES DIRIGIDAS A LA FUERZA DE VENTAS

La función de la fuerza de ventas es especialmente relevante en los comercios tradicionales y especializados, así como en las empresas de servicios, donde se convierten en potenciales prescriptores de la marca y en la cara visible de esta frente al consumidor.

Para favorecer su implicación, motivación e inclinación hacia los productos de la empresa, se emplean los siguientes instrumentos promocionales:

Primas por objetivos: los vendedores obtienen una recompensa en función del cumplimento de objetivos, generalmente, de ventas.

Concursos: son competiciones entre los vendedores, con el objetivo de motivar su función comercial, de forma que los ganadores obtienen un premio en metálico o en especie.

Distinciones honoríficas: reconocimiento sin valor monetario, otorgado a los mejores vendedores en función de los criterios que se hayan definido previamente.

PROMOCIONES DIRIGIDAS A LOS DISTRIBUIDORES

Cada establecimiento gestiona, en función de su política comercial, el surtido y la exhibición de los productos en el lineal. Mientras tanto, las marcas compiten ferozmente por hacerse un hueco en los estantes de cada uno de los establecimientos en los que les interesa estar presente.

Para ello, realiza acciones promocionales dirigidas a los puntos de venta que, aunque no se perciban, son ampliamente empleadas.

Los instrumentos promocionales más habituales se relacionan a continuación:

Concursos y premios: al igual que para la fuerza de ventas, los puntos de venta detallistas pueden tener un sistema de objetivos frente al fabricante, que les recompensará en función de estos. Los objetivos pueden ser alcanzar un determinado volumen de ventas o vender un número determinado de producto en un tiempo determinado. También pueden ser premiados aquellos establecimientos que favorezcan la marca frente a otras de la competencia, ofreciendo más espacio de lineal o exposición en zonas de mayor visibilidad.

Descuentos por cantidad de producto comprado: consiste en una rebaja por parte del fabricante, si el cliente, el distribuidor, realiza un pedido de un volumen determinado. De esta forma, se premian e incitan las compras de gran volumen.

Descuentos de lanzamiento: el fabricante ofrece una rebaja en el precio del producto para favorecer su incorporación al lineal por parte del distribuidor.

Primas por movimiento de stock: remuneración al distribuidor en función de las unidades de productos vendidas.

Muestras y productos gratuitos: son pequeñas cantidades del producto que se entregan al intermediario, generalmente en el momento de lanzamiento de una innovación, para que el responsable del punto de venta conozca de primera mano el producto y lo prescriba a la clientela.

Material de PLV: los fabricantes ofrecen material publicitario para que se despliegue en el punto de venta y, así, destacar frente a la competencia. El distribuidor animar el punto de venta e impulsar las ventas.

Publicidad y promoción cooperativa: los fabricantes y el distribuidor pueden acordar realizar acciones de comunicación de forma conjunta, de forma que el primero financie las acciones promocionales del propio distribuidor.

Ferias, exposiciones y eventos: la presencia de los fabricantes en este tipo de eventos incrementa la notoriedad de marca y, dada la congregación de fabricantes y distribuidores en el mismo espacio, suele dar lugar a una elevada concreción de acuerdos comerciales.

Visita a fábricas: los fabricantes, para incrementar el *engagement* con los distribuidores, les ofrecen visitas gratuitas a sus fábricas, almacenes, centros de distribución, con la intención no solo de mostrar las características del producto, sino de generar unas relaciones de valor entre ambos eslabones de la cadena.

ACTIVIDAD 8

Los agentes de seguro de una compañía internacional son recompensados con un 2 % sobre su sueldo anual si alcanzan la cifra de 100 nuevos clientes por año.

Sumado a lo anterior, a los 20 mejores agentes comerciales de todas las oficinas de España, clasificados en función del número de seguros realizados, se les premia con un viaje de un fin de semana para dos personas con todos los gastos pagados.

El vendedor que haya alcanzado la mayor cifra de ventas de toda la plantilla comercial recibe un pequeño trofeo por parte de la empresa.

¿A quién va dirigida la promoción y qué instrumentos promocionales se están empleando?

Promociones

Dirigida al consumidor	Dirigida a la fuerza de ventas	Dirigida a intermediarios
Muestras Cupones Reembolsos Paquete de precios global Bonificaciones Productos promocionales Recompensas Exhibiciones y demostraciones Concursos, sorteos y juegos	Primas por objetivos Concursos Distinciones honoríficas	Concursos y Premios Descuentos por cantidad de producto comprado Descuento de lanzamientos Prima por movimiento de stock Muestras y productos gratuitos Material de PLV Publicidad y Promoción cooperativa Ferias, exposiciones, muestras Visitas organizadas a la fábrica

2.4. Promociones especiales

Las marcas y los puntos de venta suelen planificar su calendario promocional de forma individual y ajustado a sus necesidades e intereses.

Sin embargo, hay que considerar que ciertos acontecimientos generales en el sector comercial dan lugar a la planificación y organización de eventos promocionales, como los relacionados a continuación, encaminados igualmente a generar un impacto en las ventas.

Promociones de lanzamiento: cuando se lanza un nuevo producto o servicio al mercado, o se abre un nuevo negocio, una buena forma de incentivar a la prueba y permitir al consumidor comprobar las ventajas y características del nuevo lanzamiento es aplicar promociones para que disfruten de un precio especial que motive la compra de este.

Para realizar estrategias de comunicación efectivas, la audiencia debe estar claramente segmentada según los criterios que se consideren relevantes, para poder crear y lanzar estrategias de contacto directo de forma eficiente.

Aunque esta clasificación de clientes es vital para cualquier estrategia de comunicación, adquiere una importancia crucial en el marketing directo, cuya eficiencia depende de una buena identificación y categorización de los clientes.

Los criterios de segmentación del mercado más habituales son los que pueden observarse en la siguiente tabla:

CRITERIOS GEOGRÁFICOS	CRITERIOS DEMOGRÁFICOS	CRITERIOS PSICOGRÁFICOS
Ciudad Barrios País Urbano/ rural	Género Edad Tamaño del hogar Nivel de ingresos Nivel de estudios Origen étnico Religión	Clase social Estilo de vida Personalidad

En el sector *retail,* es interesante trazar un perfil y agrupar a aquellos que tienen similares comportamientos de compra y ofrecen una respuesta parecida a los estímulos de marketing.

Las bases de datos de las que dispone la empresa recopilan la información sobre los clientes según criterios objetivos y subjetivos y, generalmente, se segmentan en función del comportamiento de compra, a través de un modelo, conocido como RFM (Recencia, Frecuencia, Money).

COMPORTAMIENTO DE COMPRA	
Recencia	Días transcurridos desde la última compra del cliente.
Frecuencia	Número de veces que un cliente realiza una compra.
Money (dinero)	Gasto total por parte del cliente en el periodo de tiempo de estudio.

El análisis de estos datos permite extraer perfiles de clientes agrupándolos según su comportamiento de compra y así definir segmentos a los que dirigir campañas de marketing directo o analizar el comportamiento de estos frente a acciones de comunicación y promoción.

Siguiendo a Palomares, la calidad de una base de datos se fundamenta en 5 criterios: información, tecnología, método, comunicación y actualización.

Información: como ya se ha explicado, lo primordial es determinar qué información es relevante recopilar y tratar, y determinar los criterios de segmentación, a nivel primario (datos personales y de contacto) y a nivel secundario (datos psicográficos y de comportamiento).

Tecnología: en función de los recursos y el tipo de empresa, las bases de datos emplearán una tecnología u otra. El pequeño comercio es cada día más consciente de la importancia de recabar una base de datos sobre su público objetivo, y dispone de bases de datos *ad hoc* para su negocio, donde se pueden definir cada uno de los criterios de interés para la empresa.

Método: este parámetro se refiere a la forma en la que se va a obtener información de los clientes, que puede ser interna o externa, con los datos que la propia empresa recopile o con la compra de información a otras empresas especializadas.

Comunicación: se debe definir cómo se va a emplear la información disponible y qué medios se van a utilizar para llegar hasta la audiencia objetivo, que, como ya se ha mencionado antes, son variados y pueden ser combinables.

Actualización: una base de datos obsoleta es igual que no disponer de esta. La información sobre los clientes debe cambiar a medida que ellos evolucionan. Los clientes nuevos deben ser incorporados, y aquellos que ya no supongan un valor para la empresa deben ser descartados. De otra forma, los niveles de eficiencia podrían verse afectados.

La recopilación de la información es condición necesaria, pero no suficiente, para definir una estrategia de marketing. Las técnicas estadísticas ayudarán al tratamiento y análisis de la información, extrayendo los resultados valiosos para la toma de decisiones.

2.6.3. Legislación sobre protección de datos

Los procesos comerciales actuales facilitan que las empresas dispongan de una ingente cantidad de información personal de sus clientes, y que esta se emplee para sus propios intereses comerciales.

El eje sobre el que pivotan las compañías exitosas de hoy en día es la adaptación de sus estrategias a los intereses y expectativas de sus clientes. Es por esto que las empresas quieren saber qué hacen, qué les interesa, cómo compran...

El Reglamento General de Protección de Datos entró en vigor el 25 de mayo de 2016. No obstante, no será de aplicación hasta el año 2018.

Este reglamento ofrece mayor protección y derechos al consumidor y exige una responsabilidad activa por parte de las empresas en relación a la salvaguarda de los datos de carácter personal.

Para más información, puede consultarse la web de la Agencia Española de Protección de Datos.

Pero no es suficiente con crear arquetipos, hay que fomentar una relación personal y única con cada individuo.

Para ello, es necesario disponer de información relevante que permita ser certero en las políticas comerciales. La obtención y empleo de datos de carácter personal para su uso con fines comerciales se convierte en un objetivo primordial de la empresa y sitúa al consumidor en una situación de vulnerabilidad.

La Ley Orgánica de Protección de Datos tiene por objeto la protección del derecho al honor y la intimidad y, en este sentido, obliga a las empresas a registrar sus bases de datos en Registro General de Protección de Datos.

De acuerdo a esta, los interesados a los que se solicite información personal deben dar su consentimiento expreso para el uso de esta y, a su vez, ser debidamente informados sobre la existencia de un fichero de tratamiento de esos datos, sobre la finalidad de los mismos y sobre su derecho a cancelación o rectificación.

En otras ocasiones, no se da la oportunidad o la adecuación de obtener los datos directamente del consumidor. La normativa pone a disposición de las empresas el censo promocional del Instituto Nacional de Estadística y de los órganos competentes, en el que se recogen los nombres, apellidos y domicilios tal como constan en el fichero del censo electoral.

2.7. Acciones de promoción *online*

2.7.1. Internet como canal de información y comunicación de la empresa

La maduración de Internet ha asentado en nuestras vidas una nueva forma de relacionarnos entre nosotros y con las organizaciones empresariales. El crecimiento de empresas con un modelo de negocio *online* aumenta a un ritmo mayor que las tradicionales. Las empresas, muchas veces resistentes al cambio, aceptan la necesidad y conveniencia de generar una imagen positiva a través de su presencia en Internet. La estrategia multicanal, sin embargo, empieza a perder eficacia frente a un público que cada vez conecta más su vida diaria con su vida *online* y demanda una estrategia unicanal (*offline* y *online)* que trabaje conjuntamente para ofrecerle el valor y la experiencia de compra que este demanda. Además, en un mercado tan competitivo como el actual, no solo hay que posicionarse exitosamente en la mente del consumidor, sino hacerlo mejor que la competencia.

Sabías que...

La **multicanalidad** señala la diversificación de los canales de comercialización de una empresa, tales como la combinación del tradicional y del *online*.

La **omnicanalidad** es la estrategia de integración de todos los canales empleados, ofreciendo una comunicación única y un proceso de venta integrado, comunicando así un mensaje congruente y coherente en todos los puntos de contacto empleados por el consumidor para relacionarse con la marca.

El imparable crecimiento de las nuevas tecnologías ha dado lugar a una modificación en las pautas de comportamiento por parte de los consumidores que ha obligado a las empresas a reconfigurar sus estrategias y modelos de negocios para adaptarlos a un entorno social digitalizado, llevando su empresa y su marca al lugar donde los consumidores quieren estar: Internet.

El uso de Internet ha modificado las formas de relacionarse con el entorno, desdibujando las fronteras entre lo *offline* y lo *online*.

La generación multimedia, nativos digitales o también denominados *millennials,* se caracterizan por ser una generación ampliamente formada y exigente que se relaciona con el entorno y con el mundo a través de sus dispositivos tecnológicos, desde los cuáles se informa, comenta, prescriben y adquieren productos y servicios adecuados a su estilo de vida y valores.

Las organizaciones son conscientes de este nuevo paradigma y apuestan por la presencia *online* para conectar de forma directa y constante con sus clientes.

Las empresas deben buscar crear lazos estables y comunicación de valor con los clientes y el marketing digital lo hace posible al permitir la hipersegmentación de las campañas y la difusión de estas en el momento preciso.

Por otra parte, el sector *retail* ha visto desdibujadas sus barreras de entrada gracias al desarrollo de las nuevas tecnologías, que permiten a las empresas ampliar horizontes de ventas y alojar sus negocios en un lugar estructuralmente más económico y cuyo éxito radica en acertar con la segmentación de su mercado para diseñar y lanzar mensajes adecuados y en el momento idóneo.

Según datos del Instituto Nacional de Estadística, más del 74 % de la población dispone de acceso a Internet y lo usa con regularidad. Este dato registra aumentos significativos año tras año, reflejando un perfil de la sociedad actual cada vez más conectada a la red. De ese porcentaje, solo un 32 % llegaba a realizar transacciones económicas empleando el medio *online*. Esto puede deberse a la falta de confianza en la realización del pago o la recepción del pedido.

En el año 2004, el móvil ya era el dispositivo más utilizado para el acceso a Internet (81,7 %) seguido del ordenador portátil y tabletas (72,2 %). Esto ha dado lugar a lo que se llama **"las tres pantallas"** (uso del móvil, ordenador y televisión al mismo tiempo, compartiendo ocio y trabajo), nuevo hábito que las empresas deben tener muy en cuenta a la hora de diseñar y ejecutar sus estrategias de comunicación, ya que la televisión pierde eficacia debido a las distracciones de los otros medios de comunicación e interacción digital.

La nueva generación de consumidores tiene nuevas necesidades y demandas, por lo que las empresas deben comprender que, para competir en un mercado con cada vez menos barreras de entrada y, por tanto, más competitivo, hay que saber localizar al público objetivo clave y abrir vías de comunicación, de forma que le lleguen mensajes de su interés y que capten su atención.

EL OBSERVATORIO:

Según el Estudio General de Medios, la frecuencia de acceso a Internet de prácticamente el total de los usuarios de la red es diaria. En el año 2015, el 90,9 % de los internautas utilizaban Internet todos los días, desde cualquier dispositivo y lugar disponible, lo que supone una exposición a los mensajes publicitarios lanzandos en este medio, muy elevada.

En relación a los hábitos de compra, siguiendo la clasificación del estudio realizado por Xperian Marketing Services existen cuatro tipologías de compradores: el ***onliner* ocasional** (52,8 %) es el más numeroso, seguido del **consumidor mixto** (19,2 %), que usa ambos canales de forma similar para realizar sus compras. Por otra parte, en los extremos, el **consumidor tradicional** (22,9 %) frente al **consumidor digital** (5,1 %) que solo emplean uno u otro canal para sus adquisiciones.

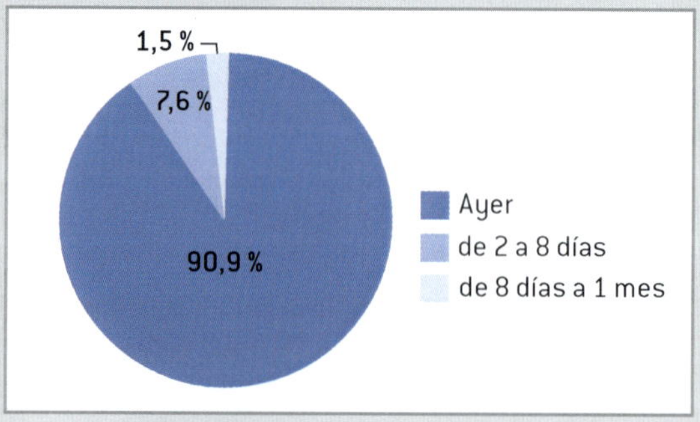

2.7.2. Herramientas de promoción *online*, sitios y estilos web para la promoción de espacios virtuales

Con el objetivo de dar a conocer la apertura de un nuevo establecimiento o para hacer llegar las ofertas de aquellos ya existentes, la variedad de herramientas promocionales a disposición suponen un desafío para los responsables de la estrategia de marketing digital, que deben hacer un correcto uso y combinación de todas ellas, que atraiga visitas de calidad a la web y, finalmente, estas se conviertan en ventas.

> **Tasa de conversión:** porcentaje de visitas a un sitio web que realizan la acción deseada, que puede ser una venta, una subscripción, una encuesta...

Una vez el visitante pase el umbral de la puerta y acceda a la tienda *online*, su recorrido, los tiempos y las acciones realizadas quedarán registradas por la empresa para analizar el comportamiento y las características de los potenciales clientes y poder ofrecerles, así, una experiencia más satisfactoria en el futuro.

ESTÁNDARES DE CALIDAD DE UNA PÁGINA WEB

El diseño: un estilo inadecuado puede impactar negativamente en el visitante y provocar su rechazo, abandonando la web aún interesándole los productos y servicios ahí ofertados. El estilo no solo debe ser cuidado, sino además debe ir acorde a la imagen corporativa de la empresa, y ser adecuado al tipo de producto que se comercializa.

> *¿Qué es una* ***landing page****?*
>
> Este vocablo inglés se emplea para definir la página de aterrizaje o la página de inicio de un sitio web.
>
> No es más que el escaparate de la tienda *online*, y debe ser cuidadosamente diseñada para que invite al consumidor a continuar visitando la tienda.

Teniendo en cuenta que los usuarios conectan desde diferentes soportes electrónicos, es muy importante que el diseño de la web sea un *diseño web adaptable*, cuyo contenido se ajuste al tamaño de la pantalla, sea esta de un móvil, una tableta o un ordenador.

La usabilidad: es lo que determina el grado de satisfacción del usuario. La página debe tener una interfaz en la que se pueda navegar y realizar todas las acciones de forma sencilla y ágil.

En una tienda *online*, al igual que en una tienda física, el escaparate y la disposición de los pasillos deben favorecer que el cliente recorra todo el punto de venta. La publicidad en el punto de venta está también presente en los si-

Newsletter: son boletines de noticias que se envían al correo de las personas que previamente se han suscrito. El contenido debe ser de calidad y de interés para la audiencia objetivo, y la diferencia con el blog es que la persona lo recibe directamente en su correo tras una subscripción explícita a este. De esta forma, puede estar actualizado de las novedades con mayor comodidad, sin necesidad de acceder al blog o sitio de noticias.

Los objetivos de blogs y newsletter son crear una imagen de marca positiva, posicionarse y generar ventas indirectas.

Marketing de afiliación: en esta técnica de marketing, el anunciante inserta sus anuncios y promociones en el sitio web de un tercero, denominado afiliado, a través de un banner, un anuncio de texto, un enlace...

El afiliado actúa como intermediario para dar visibilidad a la empresa anunciadora y recibe una remuneración en función de las conversiones.

Se puede crear así una red de afiliación con páginas webs que compartan contenido afín al tipo de productos y servicios comercializados y, por tanto, reciba tráfico adecuado. Esta forma de colocar publicidad supone un gran impacto, aumentando la eficacia de la acción promocional.

Social Media Marketing (SMM): término referido al desarrollo de estrategias de marketing y gestión de campañas desplegadas en redes sociales y comunidades virtuales por parte de la organización empresarial.

Una página de empresa en Facebook, o una cuenta en Twitter e Instagram son una poderosa herramienta de comunicación hacia el público objetivo que puede interactuar con la empresa de forma directa e inmediata, y ser impactada por sus mensajes en su propio terreno de juego, su perfil en cada una de estas redes sociales.

Al igual que los blogs y newsletters, las redes sociales deben generar contenido de calidad para la audiencia objetivo.

Además de ello, son un escaparate virtual para exponer la oferta comercial y los diferentes tipos de promociones de la marca.

El uso de las redes sociales está al alcance de cualquier empresa, pero es conveniente seguir una estrategia cuidada e integrada, ya que la experiencia ha demostrado que el impacto de una imagen negativa en medios digitales es mucho mayor que en el canal *offline*.

EVALUACIÓN DEL APRENDIZAJE

2.1. Señala la afirmación correcta en relación con la promoción de ventas:

A) Se trata de realizar acciones de comunicación a largo plazo.

B) Solo va dirigida al consumidor final.

C) Se ejecuta a largo plazo.

D) Es un incentivo para la venta que persigue una respuesta inmediata.

2.2. ¿Cuál de estas acciones de promoción no va dirigida al consumidor final?

A) Distinciones honoríficas.

B) Descuentos.

C) Concursos.

D) Muestras.

2.3. La calidad de una página web puede medirse según cuatro criterios, ¿cuáles son?

A) Usabilidad, Diseño, Fiabilidad y Contenidos.

B) Usabilidad, Contenidos, Número de visitas y Posicionamiento.

C) Diseño, Publicidad insertada, Fiabilidad y Usabilidad.

D) Ninguna de las anteriores es correcta.

2.4. Las bases de datos:

A) Son de carácter personal y las gestiona la empresa de forma privada.

B) No son empleadas para realizar acciones de marketing directo.

C) Deben ser inscritas en un Registro Público para ejercer el derecho a cancelación y rectificación de información personal.

D) Solo contienen información sobre la actividad interna de la empresa.

2.5. Selecciona la respuesta correcta:

A) En el posicionamiento SEO se persigue estar en los primeros resultados del motor de búsqueda.

B) El sistema SEM es gratuito.

C) Con el posicionamiento SEO debe pagarse para situarse en las primeras posiciones.

D) El posicionamiento SEO Es *online*, al contrario que el SEM, que es *offline*.

3.1. Eficacia y eficiencia de la acción promocional

Hoy día, toda organización debe realizar un control exhaustivo de sus resultados. Lo que no se mide, no es susceptible de mejora. Una dinámica de control y análisis permitirá evaluar el grado de consecución de los objetivos establecidos en el plan de marketing o en el plan promocional, detectar las desviaciones y problemas derivados de la implantación de las acciones y aplicar medidas oportunas para corregir las desviaciones de los objetivos marcados o resultados previstos, dotando a la empresa de la capacidad para mejorar su desempeño empresarial.

3.1.1. Concepto de eficacia y eficiencia

La medición de las actuaciones promocionales se realiza en términos de eficacia y eficiencia.

Suele ser común confundir o asimilar estos términos cuando se habla de la consecución de ciertos logros.

Sin embargo, su significado dista mucho de ser comparable. Mientras que la eficacia mide la capacidad de alcanzar un determinado efecto, la eficiencia establece la relación entre ese efecto y los recursos empleados para su logro. Es decir, la eficiencia es una medida relativa al definir su valor en relación con otra variable.

> La **eficacia** es la capacidad de alcanzar el efecto que se desea.
>
> La **eficiencia** relaciona la capacidad de alcanzar el efecto deseado con los recursos empleados para ello.

Por tanto, si se alcanza un objetivo previamente definido y, además, se realiza en el menor tiempo posible y con la menor cantidad de recursos, comparativamente con otras medidas, estaríamos hablando de eficiencia de la acción.

La eficacia, por tanto, responde al qué, mientras que la eficiencia responde al cómo.

3.1.2. Indicadores para la evaluación de la eficacia y eficiencia de las acciones de marketing y promociones

Los responsables del plan promocional esperan que las promociones generen en el 100 % de las ocasiones un impacto positivo en las ventas. Sin embargo, a la vista de los resultados de los estudios en el sector de la distribución comercial, algo no se está haciendo correctamente.

Solo un 31 % de las acciones promocionales que se llevan a la práctica son rentables. La causa de este resultado podría estar en una falta de planificación y control de la ejecución de la campaña.

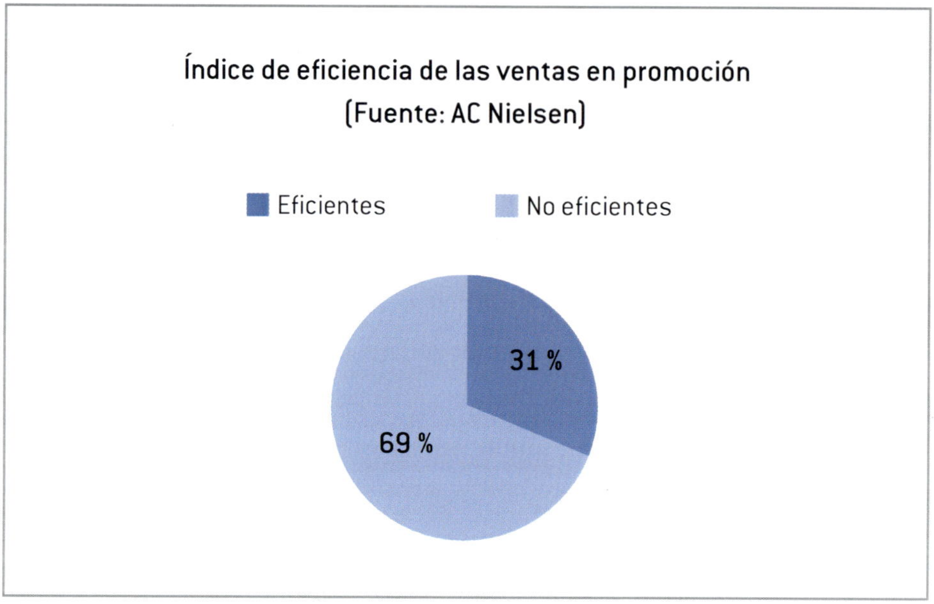

El éxito del desempeño empresarial en el comercio minorista se fundamenta en una gestión conjunta por parte del fabricante y el distribuidor, gestionando el punto de venta por categorías, según el comportamiento del consumidor.

El plan promocional de cada eslabón del canal debe negociarse y ajustarse para, posteriormente, poder planificar eficientemente cada una de las acciones promocionales a lo largo de la duración del mismo.

En la fase de planificación de cada campaña promocional concreta, deben definirse los objetivos cuantitativos y cualitativos, la segmentación de la acción promocional, los soportes e instrumentos promocionales, el presupuesto y el cronograma.

Para realizar la evaluación de la consecución de los objetivos fijados, se seleccionarán unos indicadores que servirán de medida de control y evaluación de la acción promocional desde el lanzamiento de esta hasta el análisis del resultado final.

Planificación conjunta de las actuaciones promocionales

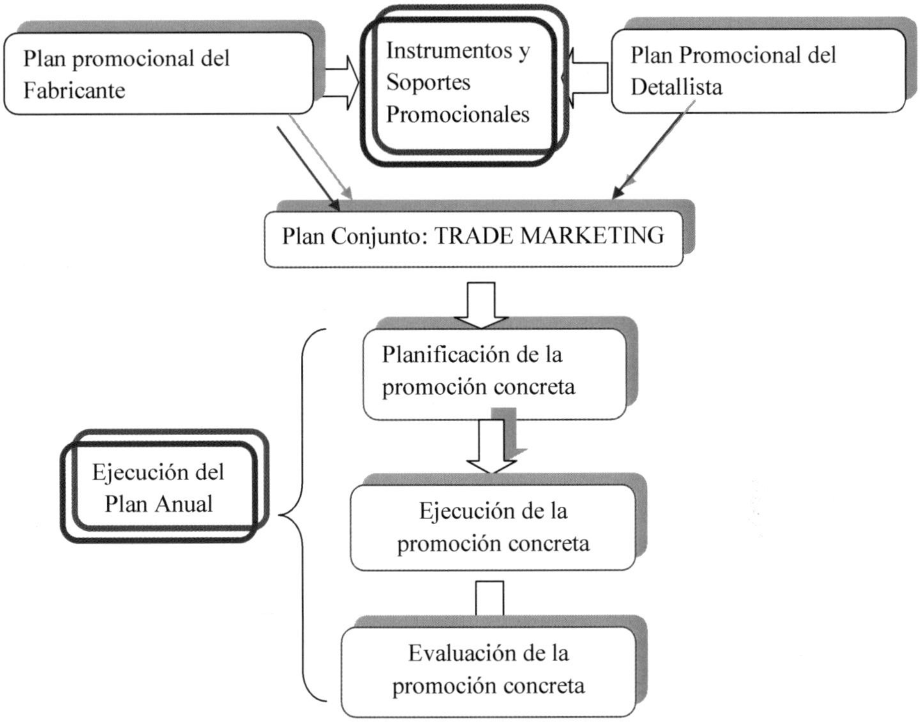

Los objetivos de ventas de cada actuación promocional pueden variar en función de los objetivos estratégicos, pero se espera que todo proyecto implantado alcance una rentabilidad positiva, de lo contrario, no sería viable su ejecución.

Para determinar qué nivel de ventas o ingresos debe alcanzarse con una campaña promocional para que esta comience a ser rentable, es decir, cubra los costes y alcance al menos los beneficios obtenidos en el periodo precedente, se emplea el indicador denominado *umbral de rentabilidad*, que se calcula con la fórmula siguiente:

Umbral de rentabilidad

UR= (beneficio bruto sin promoción + costes) /
precio en promoción – coste variable en promoción

% de margen sobre precio de coste:

Mc = Precio de venta – precio de compra / precio de compra

EJEMPLO

La floristería compra los maceteros a sus proveedores a 5 euros y los vende a 7 euros.

Márgen = 7 – 5 = 2.

El beneficio bruto es el resultado de multiplicar el margen unitario por el número de productos vendidos.

BB = 2 * 525 = 1.050 euros.

Rentabilidad bruta

Con este ratio se expresa en porcentajes la capacidad de la empresa para recuperar la inversión realizada. Para calcularlo, se divide el beneficio entre el capital invertido.

Rentabilidad bruta = (beneficio bruto / coste ventas) * 100

EJEMPLO

Siguiendo el ejemplo anterior:

Beneficio bruto: 2 * 525 ud. = 1.050 euros.

Los costes de ventas: 5 * 525 ud. = 2.625 euros.

La rentabilidad bruta que se obtiene es de:

1.050 / 2.625 * 100 = 40 %.

Tasa de marca

Este indicador hace referencia al beneficio obtenido por un producto en función de su precio de venta.

Es empleado con frecuencia en los casos en los que el fabricante determina un precio de venta al público único, que no puede ser modificado por el detallista. En este supuesto, el establecimiento comercial solo incrementará el margen bruto a través de un incremento en el volumen de compra al proveedor, que realizará descuentos por ese aumento del pedido.

TM = precio de venta – precio de coste / precio de venta

ACTIVIDAD 9

Un establecimiento comercial ha decidido realizar una campaña promocional sobre sus productos de cosmética, en concreto, la crema facial para hombres de la marca del distribuidor, de reciente introducción en el surtido, empleando para ello el descuento como instrumento. Este será de un 25 % sobre el precio venta.

El presupuesto de la campaña, con un horizonte temporal de un mes, arroja unos costes fijos de 920 euros, empleados en cartelería y en folletos.

Para el control de los resultados se toma como base el mes anterior, en el que las ventas ascendieron a 2500 unidades, con una facturación de 22.500 euros, obteniendo un margen bruto unitario de 3,20 euros.

A la finalización de la campaña promocional, las ventas ascendieron a 4.500 unidades.

a) Calcula cuántas unidades del producto deben ser vendidas para que la acción resulte rentable.

b) Determina los objetivos de ventas y margen (será el mínimo para que la promoción sea rentable).

c) Calcula, en función de los datos aportados, los índices de eficacia de la acción promocional en función de los ratios financieros oportunos.

La **hoja de cálculo** permite el tratamiento de información cuantitativa y ofrece la posibilidad de mostrar esa información de manera gráfica con tablas y gráficos que facilitan la interpretación y el análisis.

El programa informático más conocido es Excel, perteneciente a Microsoft. Además de este, el software libre es una opción gratuita para aquellas empresas de pequeña dimensión que no necesiten todas las funcionalidades que Excel provee.

El funcionamiento de una hoja de cálculo es sumamente sencillo. Se trata de introducir en un formato de tabla (columnas y filas) datos que posteriormente pueden ser tratados, aplicando fórmulas, cálculos o funciones matemáticas y financieras.

Como punto fuerte, la posibilidad de obtener una gráfica de forma sencilla y casi inmediata sobre los datos que se seleccionen, ofrece un amplio abanico de posibilidades para el análisis y el control de tareas y proyectos.

Un proyecto debe ser adecuadamente planificado, desde una óptica general de sus fases, hasta la delimitación espacial, temporal y económica de cada una de las tareas.

El siguiente esquema refleja las fases de planificación de cualquier proyecto empresarial:

1. Definición de objetivos de la empresa.
2. Listado de estrategias y acciones a implementar con la marca o producto.
3. Cronograma con las estrategias y acciones definidas.

3.4.1. Cronograma de la promoción e implantación de productos

Un **cronograma** es un calendario que recoge la planificación cronológica de cualquier proyecto empresarial.

El cronograma, generalmente en forma de tabla, recoge en filas y columnas las tareas y actividades y su referencia temporal. De esta forma, puede observarse la secuencia de actividades de forma gráfica permitiendo una visualización sencilla de todo el desarrollo del proyecto.

EJEMPLO DE CRONOGRAMA PARA LA INTRODUCCIÓN DE UN NUEVO PRODUCTO EN EL SURTIDO DE UN ESTABLECIMIENTO												
Actuación/mes	1	2	3	4	5	6	7	8	9	10	11	12
Negociación fabricante-distribuidor sobre la implantación del producto.	■											
Dossier de lanzamiento.	■											
Desarrollo del Plan de *Merchandising* y lanzamiento conjunto.		■										
Tácticas en tienda.												
Definición de nuevo surtido de la categoría.		■										
Fijación de la política de precio.		■										
Planificación del Plan Promocional en tienda.		■										
Fijación de los acuerdos logísticos.			■									
Determinación del stock inicial y de presentación en tienda.			■									
Promoción en tienda: muestras gratuitas con productos complementarios misma categoría/marca.				■								
Cartelería en tienda: *stoppers* y carteles indicando promoción.				■								
Decisión de la ubicación en tienda. Planograma.					■							
Implantación del producto en el lineal.					■							
Cabecera de góndola.					■							
Material promocional.					■							
Seguimiento de indicadores del lanzamiento.						■	■	■	■	■	■	■
Evaluación del lanzamiento.						■	■	■	■	■	■	■

3.5. Informes de seguimiento de promociones comerciales

Durante la ejecución de la actuación promocional, y al término de esta, los responsables deben velar por la correcta implementación, detectando las posibles desviaciones con respecto a los objetivos, analizando sus causas y tomando las medidas oportunas para la corrección de estas.

Todo ello debe recogerse en un informe de la acción promocional que incorpore los indicadores cuantitativos seleccionados y un análisis cualitativo de estos.

3.5.1. Resultados

Tanto para el seguimiento de la implantación de las promociones, como para su diseño, planificación y ejecución, lo idóneo es realizar una labor conjunta entre distribuidor y fabricante.

Para realizar un proceso de control, primero se debe haber establecido una planificación. Según esa planificación, se realizará un informe de seguimiento de los objetivos fijados para cada acción promocional, incluyendo los siguientes elementos:

1. Medición de los resultados.
2. Comparación del desempeño con los estándares fijados.
3. Acciones correctivas.

3.5.2. Medidas correctoras de las desviaciones

El estudio de las causas de las desviaciones, tanto positivas como negativas, determinarán qué aspectos de la planificación y ejecución de la acción promocional han sido acertados y cuáles deben ser mejorados. Ante esto último, el informe debería recoger finalmente las medidas a tomar para corregir las desviaciones que afecten negativamente al desempeño de la organización.

El control de la eficiencia de las acciones y de su rentabilidad permitirá llevar un control estratégico de todo el plan promocional.

Los datos de desviación sobre cualquier acción promocional se calculan generalmente sobre las variaciones en ventas y rentabilidad, en términos cuantitativos.

Otras posibles desviaciones se relacionan con el presupuesto marcado o el cronograma de implantación previsto.

Para ello, los indicadores deben ser susceptibles de comparación en el periodo previo y posterior a la ejecución de la acción promocional, aportando datos sobre los valores previstos y los resultados reales. Si el resultado no ha sido el esperado, hay que explicar los motivos de las desviaciones y proponer medidas para corregir lo que se estime oportuno en futuros planes promocionales.

Las acciones correctivas no solo deben aplicarse al final de la campaña promocional, puesto que esto reducirías las posibilidades de su éxito. El control debe realizarse a lo largo de todo el periodo promocional, para corregir las desviaciones tan pronto como se detecten.

Desviación en el precio de venta esperado:

Dpv= (Pr-Pe) x Udr

Pr = precio de venta real.
Ve = precio de venta estimado.
Udr = unidades de producto vendidas.

Desviación en el volumen de ventas esperado:

Dvv = (Vr-Ve) x Pe

Vr = volumen de ventas real.
Ve = volumen de ventas estimado.
Pe = precio de venta estimado.

Para realizar estos cálculos, se puede hacer empleo de la hoja de cálculo que facilita la recogida y tratamiento de datos.

EVALUACIÓN DEL APRENDIZAJE

3.1. La eficacia de una acción promocional:

A) Mide la consecución del logro de los objetivos marcados.

B) Mide la consecución del logro de los objetivos marcados en relación con los recursos empleados.

C) No es importante para la planificación de acciones promocionales futuras.

D) Ninguna de las anteriores es correcta.

3.2. El ratio de rentabilidad bruta:

A) Determina los costes de la acción promocional.

B) Se mide en términos absolutos.

C) Es un porcentaje que mide la capacidad de la empresa para recuperar la inversión realizada.

D) Ninguna de las anteriores es correcta.

3.3. El stock medio:

A) Es el volumen de productos que se venden en un periodo de tiempo determinado.

B) Es el volumen de productos medios que mantienen en tienda en un periodo determinado.

C) Se mide solo en unidades monetarias.

D) Ninguna de las anteriores es correcta.

3.4. Un cronograma:

A) Debe elaborarse en la primera fase de planificación de proyectos y tareas.

B) Es un calendario en el que se especifica el horizonte temporal de cada tarea.

C) Es la fase final y más específica de la planificación de proyectos.

D) B y C son correctas.

3.5. El software ERP:

A) Es un software integrado dentro del CRM de la empresa.

B) Integra diferentes módulos correspondientes a los diferentes departamentos de la empresa.

C) Se centra en la gestión de los clientes importantes.

D) Ninguna de las anteriores es correcta.

3.6. La Hoja de Cálculo:

A) Es el software más caro para gestionar información comercial.

B) Puede mostrar los datos gráficamente.

C) Realiza una interpretación cualitativa de los datos.

D) Ninguna de las anteriores es correcta.

3.7. La aplicación de medidas correctoras:

A) Solo puede realizarse en puntos de venta físicos.

B) No requiere de una planificación previa que permita definir los indicadores.

C) Debe realizarse exclusivamente al terminar la actuación que se esté controlando.

D) Se realiza en función de la comparación de los objetivos estimados y los resultados obtenidos.

3.8. El Umbral de Rentabilidad de una promoción:

A) Indica las ventas a partir de las cuáles la promoción comenzará a ser rentable.

B) Indica los costes a partir de los cuáles la promoción no será rentable.

C) Debe realizar tras finalizar la actuación promocional.

D) Ninguna de las anteriores es correcta.

3.9. La tasa de marca:

A) Se estudia generalmente cuando el fabricante aplica un precio de venta invariable.

B) Relaciona precio en promoción con precio sin esta.

C) Aumenta el margen bruto al incrementar el precio de venta al público.

D) Ninguna de las anteriores es correcta.

3.10. La comparativa entre los beneficios obtenidos y los esperados mide:

A) Los costes de la promoción.

B) El grado de eficiencia de la acción.

C) El grado de eficacia de la acción.

D) Ninguna de las anteriores es correcta.

Fuentes consultadas

- Asociación de Fabricantes y Distribuidores AECOC. (s.f.). *www.aecoc.es.*
- AC Nielsen. www.nielsen.es.
- *Conceptos Básicos de Escaparatismo.* Cámara de Comercio de Valencia. (2011). Recuperado de http://www.camaravalencia.com/
- *Cómo rentabilizar el Punto de Venta.* Cámara de Comercio de Valencia. (2011). Recuperado de http://www.camaravalencia.com/
- *Estudio Hábitos de Compra del Consumidor Online-Offline del Consumidor Español.* Recuperado de www.xperian.es.
- Díez de Castro, E. (2006). *Merchandising: Teoría y Práctica.* Madrid: Pirámide.
- Kotler, P., & Armstrong, G. (2011). *Fundamentos de Marketing.* Pearson.
- Kotler, P., & Keller. (2012). *Dirección de Marketing.* Pearson.
- Más, E.. Manuales del Pequeño Comercio: *Manuales del Pequeño Comercio: Guía Básica del Escaparate.* Recuperado de Cámara de Comercio de Murcia.
- Palomares Borja, R. (2012). *Marketing en el Punto de Venta: 100 ideas clave para vender más.* ESIC.
- Palomares Borja, R. (2009). *Merchandising: Teoría, Práctica y Estrategia.* ESIC.